PRANTSUSMAA KÕIGE PÄIKSELISEMA LINNA KÖÖK, MIS ON INSPIREERITUD NICOISE TURUST

Gastronoomiline teekond läbi Nice'i elava kulinaarse stseeni

KRISTJAN LAUR

Autoriõigus materjal ©2024

Kõik õigused kaitstud

Ühtegi selle raamatu osa ei tohi mingil kujul ega vahenditega kasutada ega edastada ilma kirjastaja ja autoriõiguse omaniku nõuetekohase kirjaliku nõusolekuta, välja arvatud ülevaates kasutatud lühikesed tsitaadid. Seda raamatut ei tohiks pidada meditsiiniliste, juriidiliste või muude professionaalsete nõuannete asendajaks.

SISUKORD

- SISUKORD 3
- SISSEJUHATUS 6
- HOMMIKUSÖÖK 7
  - 1. Niçoise omlett 8
  - 2. Niçoise hommikusalat 10
  - 3. Niçoise avokaado röstsai 12
  - 4. Niçoise hommikusöögipakend 14
  - 5. Fougasse aux oliivid 16
  - 6. Devilled Eggs Nicoise 18
  - 7. Salade de Fruits (värske puuviljasalat) 20
  - 8. Niçoise munapuder 22
  - 9. Niçoise Beignets 24
  - 10. Hommikusöök Chaussons Aux Pommes 26
  - 11. Niçoise muna ja tomati hommikusöögi Tartine 28
  - 12. Niçoise Eggs En Cocotte 30
  - 13. Ratatouille omlett 32
- EELROAD 34
  - 14. Niçoise'ist inspireeritud vorstitooted 35
  - 15. Tuunikala tartar oliivipuu tapenaadiga 37
  - 16. Niçoise salati kevadrullid 39
  - 17. Suvikõrvits ja kitsejuust Niçoise Bites 41
  - 18. Anšoovis ja röstitud punane pipar Crostini 43
  - 19. Pissaladière 45
  - 20. Pan Bagnat 47
  - 21. Tapenaad 49
  - 22. Niçoise sibula tort 51
  - 23. Niçoise juustu suflee 53
  - 24. Niçoise koogi müük 55
  - 25. Niçoise Olive Tapenade 57
  - 26. Provence'i tomati basiilik Bruschetta 59
  - 27. Niçoise kartulisalat 61
  - 28. Niçoise kana suupisted 63
  - 29. Rouille Dip 65
  - 30. Herbes de Provence'i popkorn 67
  - 31. Crostini kitsejuustu ja meega 69
- SALATID 71
  - 32. Klassikaline Niçoise salat grillitud tuunikalaga 72
  - 33. Tuunikala Niçoise salat 74
  - 34. Mason jar niçoise salat 76

35. Valge kala Niçoise salat 78
36. Salat Niçoise 80
37. Niçoise'i läätse ja suitsulõhe kausid 82
38. Praetud hariliku tuuni salat Niçoise 84
39. Dekonstrueeritud Nicoise salat 86
40. Grillitud tuunikala Nicoise salat 88
41. Mostaccioli salat Nicoise 90
42. Klassikaline salat Nicoise tuunikalaga 92
43. Niçoise suitsulõhe Nicoise salat 94
44. Tuunikala ja anšoovise salat Nicoise 96
45. Laetud Nicoise salat 98
46. Niçoise'i läätse ja suitsulõhe kausid 100

PÕHIROOG 102

47. Socca niçoise mähised 103
48. Pan-seared Salmon Niçoise 106
49. Kana Niçoise vardas 108
50. Taimetoitlane Niçoise Ratatouille 110
51. Ratatouille Provençale 112
52. Tuunikala ja valge oa salat 114
53. Niçoise klassikaline Lyonnaise salat 116
54. Niçoise pastinaagigratiin tüümiani ja Gruyere'iga 118
55. Niçoise Filet Mignon Bearnaise kastmega 120
56. Niçoise veiseliha Bourguignoni pirukas 122
57. Niçoise Bouillabaisse 124
58. Niçoise röstitud kana ja kartul 126
59. Niçoise suitsulõhe suupisted 128
60. Niçoise Sole Meunière 130
61. Lambaliha Ratatouille 132
62. Provence'i kana ürtidega 134
63. Pissaladière 136
64. Niçoise Chicken Casserol e 138
65. Niçoise sinepikana 140
66. Niçoise veiselihahautis 142
67. Niçoise meriahven Au Pistou 144
68. Niçoise Coq Au Vin 146
69. Niçoise Chicken Cassoulet 148
70. Niçoise Potato Dauphinoise 150
71. Niçoise Mushroom Bourguignon 152
72. Oad ja köögiviljad Cassoulet 154
73. Taimne Niçoise leivapits a 156
74. Niçoise Potatoes Au Vin 158
75. Niçoise Ratatouille 160
76. Niçoise köögiviljahautis 162
77. Niçoise taimetoitlane päts 164

78. Niçoise Vegetable Au Gratin 166
79. Niçoise taimne Niçoise dipikastevõileib 168
80. Niçoise valge oahautis 170
81. Niçoise mandli Niçoise röstsai 172
82. Niçoise läätsehautis 174
83. Niçoise One Pot Niçoise Sibulapasta 176
84. Niçoise läätsesalat kitsejuustuga 178
85. Niçoise kunstsalat 180
86. Niçoise kookose-karriiga läätsesupp 182
87. Niçoise rohelised oad 184

MAGUSTOIT 186

88. Lavendli mesi Panna Cotta 187
89. Apelsini ja oliiviõli kook 189
90. Niçoise Palmier Cookie s 191
91. Niçoise Caneles 193
92. Niçoise Cherry Clafoutis 195
93. Niçoise kookosepirukas 197
94. Passionivilja ja sidruni besee tartletid 199
95. Niçoise Pear Ta rt 201
96. Strawberry Frasier ja Lillet Chiffon Cake 203
97. Niçoise Poire Avec Orange 205
98. Niçoise šokolaadivaht 207
99. Niçoise šokolaadi küpsetis 209
100. Niçoise Custard Pie 211

KOKKUVÕTE 213

SISSEJUHATUS

Alustage gastronoomilist teekonda läbi Nice'i elavate turgude ja päikesepaisteliste tänavate filmiga "Prantsusmaa kõige päikselisema linna köök, mis on inspireeritud nicoise turust". See kokaraamat kutsub teid uurima rikkalikku maitsete gobelääni, mis iseloomustavad Nice'i kulinaarset stseeni – linna, kus värsked tooted, Vahemere mõjud ja elurõõm ühinevad, et luua kulinaarne varjupaik. 100 hoolikalt koostatud retseptiga liituge meiega, kui tähistame päikeseküllast võlu ja gastronoomilisi naudinguid, mis muudavad Niçoise'i köögi Prantsuse Riviera vaimu tõeliseks kehastuseks.

Kujutage ette elavaid turge, mis on täis värvilisi tooteid, õhus segunevat ürtide ja vürtside aroomi ning Vahemere taevasinist vett, mis on elavate välikohvikute taustaks. "nicoise" pole lihtsalt kokaraamat; see on ood turgudele, merele ja Provence'i võlule, mis määrab Nice'i kulinaarse maastiku. Ükskõik, kas igatsete bouillabaisse'i elegantsi, salati niçoise'i lihtsust või tarte aux citrons'i magusust, need retseptid on loodud selleks, et viia teid Prantsuse Riviera südamesse.

Alates mereandide hõrgutistest kuni aromaatsete ürtideni ja turul värsketest köögiviljadest kuni maitsvate magustoituden – iga retsept tähistab maitseid, mis õitsevad Nizza päikeselisema taeva all. Olenemata sellest, kas olete kogenud kokk, kes soovib linna maitseid uuesti luua, või seiklushimuline kodukokk, kes otsib inspiratsiooni, "nicoise" on teie teejuht Nizza soojuse ja särtsakuse toomiseks teie lauale.

Liituge meiega, kui avastame Nizza elavat kulinaarset stseeni, kus iga roog räägib turgudest, merest ja elu nautimise rõõmsast kunstist. Niisiis, koguge oma oliiviõli, võtke omaks ürdid ja asume gastronoomilisele teekonnale läbi "Prantsusmaa kõige päikselisema linna köök, mis on inspireeritud nicoise turust".

HOMMIKUSÖÖK

1.Niçoise omlett

KOOSTISOSAD:
- 4 muna
- 1/2 tassi kirsstomateid, poolitatud
- 1/4 tassi Kalamata oliive, kivideta ja tükeldatud
- 2 spl värsket basiilikut, hakitud
- 1/2 tassi tuunikala tükke, keedetud
- 1 spl oliiviõli
- Sool ja pipar maitse järgi

JUHISED:
a) Klopi lahti munad ning maitsesta soola ja pipraga.
b) Kuumuta pannil oliiviõli.
c) Vala lahtiklopitud munad pannile.
d) Lisa tomatid, oliivid, basiilik ja tuunikala tükid.
e) Küpseta, kuni omlett on tahenenud, seejärel voldi kokku ja serveeri.

2. Niçoise hommikusalat

KOOSTISOSAD:
- 2 tassi segatud rohelisi
- 1/2 tassi keedetud beebikartulit, poolitatud
- 1/4 tassi rohelisi ube, blanšeeritud ja tükeldatud
- 2 keedetud muna, viilutatud
- 1/4 tassi kirsstomateid, poolitatud
- 2 supilusikatäit Niçoise oliive
- 2 spl oliiviõli
- 1 spl punase veini äädikat
- Sool ja pipar maitse järgi

JUHISED:
a) Laota segatud rohelised taldrikule.
b) Kõige peale lisa kartulid, rohelised oad, keedetud munad, tomatid ja oliivid.
c) Vahusta väikeses kausis oliiviõli, punase veini äädikas, sool ja pipar.
d) Nirista kaste salatile ja raputa enne serveerimist läbi.

3.Niçoise avokaado röstsai

KOOSTISOSAD:
- 2 viilu täisteraleiba, röstitud
- 1 küps avokaado, purustatud
- 1/2 tassi kirsstomateid, poolitatud
- 2 spl Niçoise oliive, viilutatud
- 1 spl kapparid
- 1 spl värsket peterselli, hakitud
- Sidrunimahl
- Sool ja pipar maitse järgi

JUHISED:
a) Määri püreestatud avokaado ühtlaselt röstitud saiaviiludele.
b) Kõige peale lisa kirsstomatid, oliivid, kapparid ja värske petersell.
c) Pigista lisanditele sidrunimahl ning maitsesta soola ja pipraga.

4.Niçoise hommikusöögipakend

KOOSTISOSAD:
- 1 suur täistera ümbris
- 1/2 tassi keedetud kinoat
- 1/4 tassi konserveeritud kikerherneid, nõruta ja loputa
- 1/4 tassi kirsstomateid, poolitatud
- 2 spl Niçoise oliive, viilutatud
- 1 spl fetajuustu, murendatud
- Värsked basiiliku lehed
- Oliiviõli

JUHISED:
a) Laota ümbris tasaseks ja määri keskele keedetud kinoa.
b) Lisa kikerherned, kirsstomatid, oliivid, feta ja värske basiilik.
c) Nirista peale oliiviõli.
d) Murra mähise küljed kokku ja keera kokku, vajadusel kinnita hambaorkidega. Lõika pooleks ja serveeri.

5.Fougasse aux oliivid

KOOSTISOSAD:
- 1 spl leivamasina pärmi
- 2½ tassi leivajahu
- 2 teelusikatäit Suhkur
- ¼ teelusikatäit soola
- ½ tassi sooja piima
- ½ tassi vett
- ¼ tassi mahlakas oliiviõli, + lisatasu taigna katmiseks
- ⅓ tassi hakitud Niçoise või rohelisi oliive

JUHISED:
a) Kombineeri pärm, jahu, suhkur, sool, piim, vesi ja ¼ tassi oliiviõli leivamasina pannil ning töötle tainast. Tsükli lõpus kummuta tainas kergelt jahuga ülepuistatud lauale ja sõtku sisse oliivid.
b) Pöörake leivapann taigna peale ja laske 15 minutit seista.
c) Jagage tainas kaheks võrdseks tükiks ja rullige iga tükk 8–10-tolliseks ristkülikuks. Aseta iga ristkülik küpsetuspaberiga kaetud ahjuplaadile.
d) Tehke kaks rida 6–8 võrdsete vahedega diagonaalset kaldkriipsu, lõigates kogu taigna läbi.
e) Avage need pilud, tõmmates need kätega hästi laiali. Määri vormileivad oliiviõliga ja tõsta kõrvale, kuni tainas on paisunud, umbes 20 minutit.
f) Kuumuta ahi temperatuurini 375 F. Kui leivad on paisunud, küpsetage kuumas ahjus 15–20 minutit või kuni need on kuldpruunid. Jahuta restil.
g) Neid on kõige parem süüa valmistamise päeval, kuid neid saab säilitada kilepakendis.

6. Devilled Eggs Nicoise

KOOSTISOSAD:
- 6 muna
- 2 spl musti oliive, hakitud
- 1 väike tomat, seemnetest puhastatud ja hakitud
- 1 tl Dijoni sinepit
- 1 sidruni mahl
- 1 spl oliiviõli
- 1 supilusikatäis tavalist kreeka jogurtit
- 2 spl värsket hakitud peterselli, lisaks veel kaunistuseks

JUHISED:
a) Eelsoojendage veevann temperatuurini 170 °F.
b) Asetage munad kotti. Sulgege veega Juhised, seejärel asetage vanni. Küpseta 1 tund.
c) Aseta munad külma veega kaussi jahtuma. Koorige hoolikalt, seejärel lõigake iga muna pikuti pooleks.
d) Kühista munakollased kaussi. Sega hulka oliivid, tomat, sinep, sidrun, õli, jogurt ja petersell.
e) Täida munavalged munakollaseseguga. Kaunista peterselliga.

7.Salade de Fruits (värske puuviljasalat)

KOOSTISOSAD:
- Erinevad värsked puuviljad (nt maasikad, virsikud, melonid) - umbes 2 tassi
- Mündilehed kaunistuseks
- 2 supilusikatäit mett
- Ühe sidruni mahl

JUHISED:
a) Tükeldage värsked puuviljad ja segage need segamisnõus.
b) Nirista puuviljadele mett ja sidrunimahla, viska õrnalt katteks.
c) Kaunista piparmündilehtedega ja serveeri jahtunult.

8.Niçoise munapuder

KOOSTISOSAD:
- Kaks supilusikatäit võid
- Pool tassi rasket koort
- Näputäis soola
- Näputäis musta pipart
- Kaks supilusikatäit hakitud värsket murulauku
- Neli muna
- Üks punane sibul
- Üks teelusikatäis hakitud küüslauku
- Niçoise saiaviilud

JUHISED:
a) Võtke suur pann.
b) Lisa või ja lase sulada.
c) Lisa sisse hakitud sibul.
d) Küpseta sibul pehmeks.
e) Lisa sisse hakitud küüslauk.
f) Segage sibulat ja küüslauku kaks minutit.
g) Lisa munad ja lase keeda.
h) Segage segu.
i) Lisage sool ja pipar.
j) Kõige lõpus lisa juurde koor.
k) Kui munad on valmis, valage need välja.
l) Lisa peale värske hakitud murulauk.

9. Niçoise Beignets

KOOSTISOSAD:
- Pool tassi võid
- Neli muna
- Kaks tassi jahu
- Üks tass piima
- Üks supilusikatäis küpsetuspulbrit
- Tuhksuhkur, üks tass

JUHISED:
a) Võtke suur kauss.
b) Sega suures kausis kõik koostisained peale tuhksuhkru.
c) Vormi segust poolpaks tainas.
d) Kuumuta pann õli täis.
e) Lisa lusikatäis tainast õlisse.
f) Prae beignetsid.
g) Tõsta beignetid välja, kui need muutuvad kuldpruuniks.
h) Jahuta beignetid maha.
i) Lisa tuhksuhkur kõikjale beignetitele.

10.Hommikusöök Chaussons Aux Pommes

KOOSTISOSAD:
- Pool tassi täispiima
- Üks supilusikatäis suhkrut
- Üks tass universaalset jahu
- Kaks muna
- Viis supilusikatäit võid
- Üks tass rasket koort
- Üks teelusikatäis vaniljeekstrakti
- Üks tass õunu

JUHISED:
a) Võtke kastrul ja lisage sinna vesi.
b) Lisa piim, või, suhkur, koor, vaniljeekstrakt ja sool.
c) Keeda kogu segu.
d) Lisage sellele jahu ja segage hästi.
e) Keeda segu kaks minutit.
f) Eemaldage see, kui tainas on moodustatud.
g) Tõsta tainas kaussi.
h) Lisage sinna munad.
i) Parim on segu, kuni tainas muutub ühtlaseks.
j) Tehke soovitud kujuga puhvrid.
k) Lisa puhkide vahele tükeldatud õunad.
l) Küpseta seda kakskümmend minutit.

11. Niçoise muna ja tomati hommikusöögi Tartine

KOOSTISOSAD:
- Kaks supilusikatäit majoneesi
- Salati lehed
- Pool tassi rasket koort
- Kolm supilusikatäit Dijoni sinepit
- Niçoise tartine leib
- Üks tass kuivatatud kirsstomateid
- Kaks teelusikatäit sidrunimahla
- Üks teelusikatäis suhkrut
- Neli praetud muna

JUHISED:
a) Võtke suur kauss.
b) Segage majonees, koor, sidrunimahl ja suhkur, kuni moodustub kausis homogeenne segu.
c) Rösti saiaviilud.
d) Lisa salatilehed saiaviiludele.
e) Lisa majoneesisegu viilude peale.
f) Lisa kõige peale praetud munad ja päikesekuivatatud tomatid.
g) Nirista iga viilu peale Dijoni sinepit.

12. Niçoise Eggs En Cocotte

KOOSTISOSAD:
- Kaks supilusikatäit võid
- Pool tassi rasket koort
- Näputäis soola
- Näputäis musta pipart
- Kaks supilusikatäit hakitud värsket murulauku Neli muna
- Üks teelusikatäis Provence'i ürte
- Niçoise saiaviilud

JUHISED:
a) Võtke suur kauss.
b) Lisa kõik koostisosad, välja arvatud murulauk.
c) Sega kõik hästi läbi.
d) Vala segu ahjuvormi.
e) Asetage anum veevanni.
f) Küpseta mune kümme kuni viisteist minutit.
g) Nõu välja, kui see on valmis.
h) Lisa peale värske hakitud murulauk.

13. Ratatouille omlett

KOOSTISOSAD:
- 4 muna
- 1/2 tassi kuubikuteks lõigatud paprikat
- 1/2 tassi tükeldatud suvikõrvitsat
- 1/2 tassi kuubikuteks lõigatud baklažaani
- 1/4 tassi kuubikuteks lõigatud punast sibulat
- 2 spl oliiviõli
- Sool ja pipar maitse järgi

JUHISED:
a) Prae pannil oliiviõlis paprika, suvikõrvits, baklažaan ja punane sibul pehmeks.
b) Klopi kausis lahti munad ning maitsesta soola ja pipraga.
c) Valage munad praetud köögiviljadele, segades õrnalt, kuni munad on keedetud.
d) Serveeri omlett kuumalt, soovi korral kaunistatud värskete ürtidega.

EELROAD

14. Niçoise'ist inspireeritud vorstitooted

KOOSTISOSAD:
- Erinevad vinnutatud lihad (nt saucisson, jambon de Bayonne, pasteet või rillette)
- Prantsuse juustud (nt Brie, Camembert, Roquefort või Comté)
- Baguette viilud või prantsuse leib
- Cornichons (väikesed hapukurgid)
- Dijoni sinep
- Niçoise oliivid
- Viinamarjad või viilutatud viigimarjad
- Kreeka pähklid või mandlid
- Kaunistuseks värsked ürdid (nt petersell või tüümian).

JUHISED:
a) Valige suur puidust tahvel või vaagen, et korraldada oma prantsusest inspireeritud vorstikesi.
b) Alustage soolatud liha lauale paigutamisega. Rulli või voldi need kokku ja aseta ahvatleva mustriga.
c) Lõika Prantsuse juust viiludeks või viiludeks ja laota need soolaliha kõrvale.
d) Lisage lauale virn baguette'i viile või prantsuse leiba, pakkudes lihale ja juustidele klassikalist lisandit.
e) Asetage lauale väike kauss Dijoni sinepit, et seda leivale kasta või määrida.
f) Lisage kauss cornichons'i, mis on traditsioonilised prantsuse hapukurgid, et täiendada vorstiroogade maitset.
g) Puista lauale erinevaid oliive, täites kõik allesjäänud tühimikud.
h) Asetage laua ümber värskete viinamarjade või viilutatud viigimarjade kobarad, lisades magususe.
i) Puista kreeka pähkleid või mandleid kogu lauale tekstuuri ja maitse lisamiseks.
j) Viimistlemiseks kaunista plaat värskete ürtidega.
k) Serveerige Prantsuse inspireeritud küpsetusplaati eelroa või kogunemise keskpunktina, võimaldades külalistel nautida maitsete ja tekstuuride veetlevat kombinatsiooni.

15.Tuunikala tartar oliivipuu tapenaadiga

KOOSTISOSAD:
- Värske sushi-klassi tuunikala, kuubikuteks
- 1/4 tassi musti oliive, kivideta ja tükeldatud
- 1 spl kapparid, tükeldatud
- 1 spl värsket peterselli, peeneks hakitud
- 1 spl ekstra neitsioliiviõli
- 1 tl Dijoni sinepit
- Sidrunimahl maitse järgi
- Sool ja pipar maitse järgi
- Serveerimiseks baguette viilud

JUHISED:
a) Sega kausis kuubikuteks lõigatud tuunikala oliivide, kapparite, peterselli, oliiviõli, Dijoni sinepi ja sidrunimahlaga.
b) Maitsesta soola ja pipraga.
c) Serveeri tuunikalatartarit baguette'i viiludel.

16.Niçoise salati kevadrullid

KOOSTISOSAD:
- Riisipaberist ümbrised
- Rooma salati lehed
- Tuunikalakonserv, helvestatud
- Kirsstomatid, poolitatud
- Niçoise oliivid, viilutatud
- Kõvaks keedetud munad, viilutatud
- Keedetud rohelised oad, blanšeeritud
- Värsked basiiliku lehed
- Dippimiseks oliivõli ja palsamiäädikas

JUHISED:
a) Leota riisipaberist ümbrist soojas vees, kuni see muutub elastseks.
b) Asetage ümbris tasaseks ja täitke salati, tuunikala, tomatite, oliivide, munade, roheliste ubade ja basiilikuga.
c) Rulli tihedalt rulli ja korda.
d) Serveeri kevadrulle koos oliivõli ja palsamiäädika dipikastmega.

17.Suvikõrvits ja kitsejuust Niçoise Bites

KOOSTISOSAD:
- Suvikõrvitsa viilud
- Kitsejuust
- Kirsstomatid, poolitatud
- Niçoise oliivid, kivideta
- Värsked tüümianilehed
- Oliiviõli
- Tilgutamiseks palsamiglasuur

JUHISED:
a) Grilli või rösti suvikõrvitsaviile pehmeks.
b) Katke iga suvikõrvitsaviilu väikese koguse kitsejuustu, pooliku kirsstomati ja oliiviga.
c) Puista peale värskeid tüümianilehti ning nirista peale oliiviõli ja balsamico glasuuri.
d) Serveeri elegantsete Niçoise'ist inspireeritud suupistetena.

18. Anšoovis ja röstitud punane pipar Crostini

KOOSTISOSAD:
- Baguette viilud, röstitud
- Anšoovise filee
- Röstitud punane paprika, viilutatud
- Kreemjas kitsejuust
- Värsked basiiliku lehed
- Oliiviõli niristamiseks

JUHISED:
a) Määri igale röstitud baguette'i viilule kiht kitsejuustu.
b) Tõsta peale anšoovisefilee ja viil röstitud punast pipart.
c) Kaunista värskete basiilikulehtedega ja nirista peale oliiviõli.
d) Serveerige neid crostini maitseka Niçoise'ist inspireeritud eelroana.

19.Pissaladière

KOOSTISOSAD:
- Pitsatainas või lehttainas
- 2 suurt sibulat, õhukeselt viilutatud
- 1/4 tassi oliiviõli
- 1 tl kuivatatud tüümiani
- Anšoovised (konserveeritud või purkides)
- Mustad oliivid, kivideta

JUHISED:
a) Kuumuta ahi temperatuurini 400 °F (200 °C).
b) Prae sibul oliiviõlis karamelliseerunud, seejärel sega kuivatatud tüümianiga.
c) Rulli pitsatainas või lehttainas lahti ja tõsta ahjuplaadile.
d) Laota karamelliseeritud sibulad ühtlaselt taignale, aseta sardellid risti ja aseta anšooviste vahele oliivid.
e) Küpseta, kuni koor on kuldpruun. Tükelda ja serveeri soojalt või toatemperatuuril.

20.Pan Bagnat

KOOSTISOSAD:
- Niçoise baguette või ümmargune leib
- Tuunikalakonserv, nõrutatud
- Kirsstomatid, poolitatud
- Punane sibul, õhukeselt viilutatud
- Roheline paprika, õhukeselt viilutatud
- Mustad oliivid, viilutatud
- Kastmeks oliiviõli, punase veini äädikas, sool ja pipar

JUHISED:
a) Lõika baguette pooleks ja õõnestage osa leivast keskelt välja.
b) Sega kausis tuunikala, tomatid, punane sibul, paprika ja oliivid.
c) Kastmeks vahusta teises kausis oliiviõli, punase veini äädikas, sool ja pipar.
d) Täida baguette tuunikala seguga, vala peale kaste ja suru pooled kokku. Mähi kilesse ja lase veidi seista, et maitsed seguneksid.

21.Tapenaad

KOOSTISOSAD:
- 1 tass kivideta musti oliive
- 2 spl kapparit
- 2 anšoovisefileed
- 1 küüslauguküüs
- 2 spl värsket sidrunimahla
- 1/4 tassi oliiviõli
- Kaunistuseks värske petersell

JUHISED:
a) Sega köögikombainis kokku oliivid, kapparid, anšoovised, küüslauk ja sidrunimahl.
b) Pulse, kuni segu muutub jämedaks pastaks.
c) Kui protsessor töötab, valage aeglaselt oliiviõli, kuni see on hästi segunenud.
d) Kaunista hakitud värske peterselliga. Serveeri kooriku leiva või kreekeritega.

22. Niçoise sibula tort

KOOSTISOSAD:
- Kaks supilusikatäit Provence'i ürte
- Pool tassi võid
- Pakk hapukat tainast
- Pool tassi koort
- Kaks supilusikatäit hakitud küüslauku
- Kaks tassi sibulat
- Kaks supilusikatäit oliiviõli
- Või määrimiseks

JUHISED:
a) Võtke suur pann.
b) Lisa pannile õli ja sibul.
c) Prae sibul ja lisa segule vürtsid ja küüslauk.
d) Kui see on keedetud, jahutage see maha.
e) Võtke suur kauss.
f) Lisa koor ja klopi korralikult läbi.
g) Tee vahuseks ja lisa siis või.
h) Klopi segu korralikult läbi ja lisa siis sibulasegu või hulka.
i) Sega segu korralikult läbi.
j) Laota haputainas võiga määritud hapuvormidesse.
k) Küpsetage roog korralikult kümme kuni viisteist minutit.
l) Lisa peale hakitud koriander.

23. Niçoise juustu suflee

KOOSTISOSAD:
- Kaheksa muna
- Neli tilka sidrunimahla
- Kaks tassi piima
- Näputäis soola
- Viis untsi gruyere juustu
- Pool tassi jahu
- Viis supilusikatäit võid

JUHISED:
a) Võtke suur kauss.
b) Lisa kõik koostisosad kaussi.
c) Sega kõik koostisosad hästi läbi.
d) Vala segu ahjuvormi.
e) Küpseta roogi kakskümmend minutit.

24. Niçoise koogi müük

KOOSTISOSAD:
- Kaks supilusikatäit oliiviõli
- Pool tassi hakitud šalottsibulat
- Üks teelusikatäis hakitud küüslauku
- Poolteist tassi universaalset jahu
- Näputäis musta pipart
- Näputäis soola
- Pool tassi piima
- Poolteist tassi juustu
- Kolm tervet muna

JUHISED:
a) Võtke suur pann.
b) Lisa pannile kaks supilusikatäit oliiviõli ja hakitud šalottsibul.
c) Küpseta šalottsibulat mõni minut, kuni need muutuvad helepruuniks.
d) Lisa pannile hakitud küüslauk.
e) Lisa pannile sool ja must pipar ning sega korralikult läbi.
f) Lülitage pliit välja ja laske segul jahtuda.
g) Võtke suur kauss.
h) Lisa kaussi munad ja piim.
i) Klopi korralikult läbi ning seejärel lisa kaussi jahu ja keedetud segu.
j) Sega kõik hästi läbi.
k) Vala segu võiga määritud leivavormi.
l) Lisa taigna peale juust.
m) Asetage pann eelkuumutatud ahju ja küpsetage päts.
n) Tõsta päts neljakümne minuti pärast välja.

25. Niçoise Olive Tapenade

KOOSTISOSAD:
- Poolteist tassi anšoovist
- Üks supilusikatäis hakitud kappareid
- Pool tassi musti oliive
- Kaks supilusikatäit tüümiani
- Pool teelusikatäit soola
- Kaks teelusikatäit hakitud küüslauku
- Üks teelusikatäis oliiviõli

JUHISED:
a) Võtke blender.
b) Lisa kõik koostisosad blenderisse.
c) Blenderda kõik koostisained.
d) Tõsta välja, kui see on korralikult segatud.
e) Serveeri leivaviiludega.

26.Provence'i tomati basiilik Bruschetta

KOOSTISOSAD:
- Baguette viilud
- Küpsed tomatid, tükeldatud
- Värske basiilik, hakitud
- Küüslauguküüned, hakitud
- Oliiviõli
- Palsamiäädikas
- Sool ja pipar maitse järgi

JUHISED:
a) Rösti baguette'i viilud ahjus või grillil.
b) Sega kausis tükeldatud tomatid, basiilik, hakitud küüslauk, oliiviõli ja palsamiäädikas.
c) Maitsesta soola ja pipraga.
d) Tõsta tomatisegu lusikaga röstitud baguette'i viiludele ja serveeri.

27. Niçoise kartulisalat

KOOSTISOSAD:
- Kolm supilusikatäit köögiviljapuljongit
- Üks tass porgandit
- Pool tassi värsket tüümiani
- Üks tass Niçoise kartulit
- Pool tl suitsupaprikat
- Kaks supilusikatäit hakitud küüslauku
- Pool tassi hakitud sellerit
- Kaks supilusikatäit oliiviõli
- Kaks supilusikatäit mett
- Pool tassi dijoni sinepit

JUHISED:
a) Võtke suur pann.
b) Lisa pannile õli ja kartulid.
c) Prae kartulid segades läbi ja seejärel lisa sinna köögiviljapuljong.
d) Laske kartulitel küpseda umbes kolmkümmend minutit või kuni vedelik kastrulis kuivab.
e) Lisa ülejäänud koostisosad kaussi.
f) Segage kõik koostisosad hästi homogeense segu saamiseks.
g) Lisa segu peale keedetud kartulid.
h) Viska salat läbi, et kõik oleks korralikult segunenud.

28. Niçoise kana suupisted

KOOSTISOSAD:
- Kaks supilusikatäit oliiviõli
- Pool tassi hakitud värsket tilli
- Üks tass keedetud kana
- Leiva viilud
- Üks tass hakitud värsket murulauku
- Üks tass tükeldatud tomateid
- Üks teelusikatäis segatud vürtsipulbrit
- Üks tass sibulat
- Pool tl suitsupaprikat
- Üks tass crème fraiche'i
- Näputäis soola
- Üks supilusikatäis võid
- Üks teelusikatäis musta pipart

JUHISED:
a) Võtke pann.
b) Lisage õli ja sibul.
c) Küpseta sibulaid, kuni need muutuvad pehmeks ja lõhnavaks.
d) Lisage sellele keedetud kana.
e) Lisa vürtsid.
f) Lisa ülejäänud koostisosad segusse.
g) Võta leivaviilud ja määri mõlemale poolele võiga.
h) Rullige see rulli ja asetage see küpsetusnõusse.
i) Lisa segu saiaviilude peale.
j) Küpseta saiaviile kakskümmend minutit.

29.Rouille Dip

KOOSTISOSAD:
- 1/2 tassi majoneesi
- 2 küüslauguküünt, hakitud
- 1 tl Dijoni sinepit
- 1 spl tomatipastat
- 1 tl paprikat
- Natuke Cayenne'i pipart
- Oliiviõli

JUHISED:
a) Sega kausis kokku majonees, hakitud küüslauk, Dijoni sinep, tomatipasta, paprika ja Cayenne'i pipar.
b) Nirista vahustades aeglaselt peale oliiviõli, kuni segu on kreemja konsistentsiga.
c) Serveeri dipikastmena värskete köögiviljade, leivaga või mereandide kastmena.

30.Herbes de Provence'i popkorn

KOOSTISOSAD:
- Popkorni tuumad
- 2 spl sulatatud võid
- 1 tl Herbes de Provence (kuivatatud soolasegu, majoraani, rosmariini, tüümiani ja pune)
- Soola maitse järgi

JUHISED:
a) Tõsta popkornituumad vastavalt pakendi juhistele.
b) Nirista popkornile sulavõid ja sega ühtlaseks katteks.
c) Puista popkornile Herbes de Provence ja sool, maitsete jaotumiseks uuesti loksutades.

31.Crostini kitsejuustu ja meega

KOOSTISOSAD:
- Baguette viilud
- Kitsejuust
- Kallis
- Värsked tüümianilehed

JUHISED:
a) Rösti baguette'i viilud kuldpruuniks.
b) Määri igale viilule kitsejuustuga.
c) Nirista kitsejuustule peale mett ja kaunista värskete tüümianilehtedega.
d) Serveeri mõnusa ja lihtsalt valmistatava eelroana.

SALATID

32.Klassikaline Niçoise salat grillitud tuunikalaga

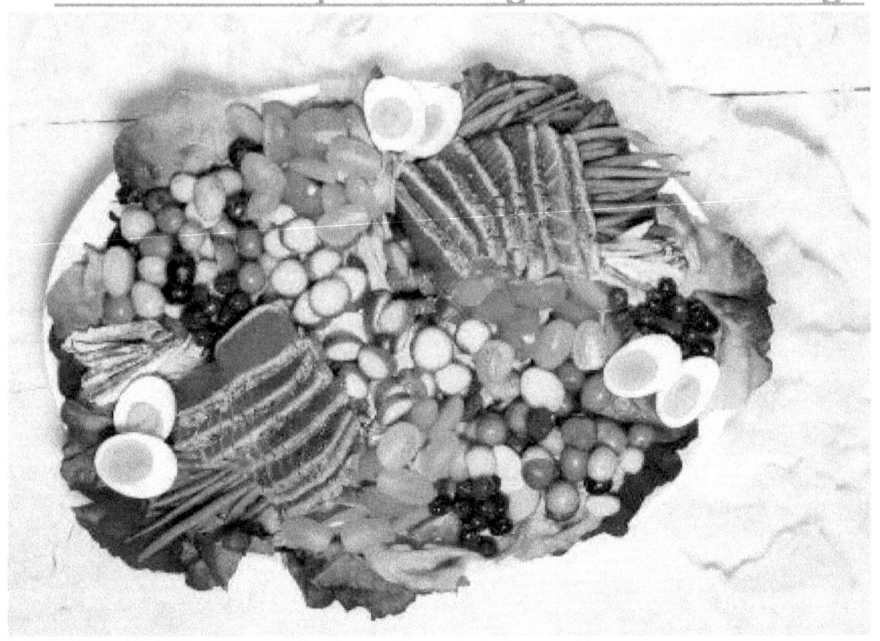

KOOSTISOSAD:
- Värsked tuunikala pihvid
- Segasalati rohelised (nt Rooma salat)
- Kirsstomatid, poolitatud
- Niçoise oliivid
- Kõvaks keedetud munad, viilutatud
- Rohelised oad, blanšeeritud
- Punased kartulid, keedetud ja viilutatud
- Anšoovised (valikuline)
- Kastmeks oliiviõli ja punase veini äädikas
- Kaunistuseks värsket basiilikut või peterselli

JUHISED:
a) Grilli tuunikala pihve oma maitse järgi.
b) Laota salatirohelised taldrikule ja tõsta peale kirsstomateid, Niçoise'i oliive, viilutatud kõvaks keedetud mune, rohelisi ube ja keedetud kartulit.
c) Aseta peale grillitud tuunikala.
d) Kaunista soovi korral anšoovistega, nirista peale oliiviõli ja punase veini äädikat ning puista peale värsket basiilikut või peterselli.

33.Tuunikala Niçoise salat

KOOSTISOSAD:
- 1½ tassi beebi- või sõrmkartuleid või 1 suur rusikas või punane kartul viilutatud
- 1 spl oliiviõli
- 1 purustatud küüslauguküüs või 1 tl purustatud hakitud küüslauku
- Näputäis soola
- Must pipar maitse järgi
- 4 tassi kevadisegu salatit
- 1 tass keedetud rohelisi ube
- 2 pehme keedetud muna, koorega, viilutatud
- 1 5 untsi õliga pakitud tuunikala konserv, nõrutatud
- Minge Honey Dijoni salatikastme juurde

JUHISED:
a) Kuumuta ahi 425 kraadini.
b) Aseta kartulid küpsetuspaberiga kaetud ahjuplaadile. Nirista kartulitele õli. Lisage küüslauk, seejärel segage küüslauk ja määrige kartulid õliga.
c) Küpseta 25 minutit või kuni kahvel on pehme. Tõsta kõrvale jahtuma, seejärel lõika ¼-tollisteks viiludeks.
d) Jaga kevadisegu ühtlaselt kahele taldrikule. Aseta igale taldrikule üks viilutatud muna. Laota rohelised oad muna kõrvale. Järgmisena lisa tuunikala.
e) Aseta kartulid salatitaldrikule.
f) Nirista Go-to Honey Dijoni salatikastet ühtlaselt igale salatile ja serveeri.

34.Mason jar niçoise salat

KOOSTISOSAD:
- 2 keskmist muna
- 2 ½ tassi poolitatud rohelisi ube
- 3 (7 untsi) purki pikkuim-tuunikala vette pakitud, nõrutatud ja loputatud
- ¼ tassi ekstra neitsioliiviõli
- 2 spl punase veini äädikat
- 2 spl kuubikuteks hakitud punast sibulat
- 2 spl hakitud värskeid peterselli lehti
- 1 spl hakitud värskeid estragoni lehti
- 1 ½ teelusikatäit Dijoni sinepit
- Koššersool ja värskelt jahvatatud must pipar, maitse järgi
- 1 tass poolitatud kirsstomateid
- 4 tassi rebitud võisalatit
- 3 tassi rukola lehti
- 12 Kalamata oliivi
- 1 sidrun, viiludeks lõigatud (valikuline)

JUHISED:
a) Asetage munad suurde kastrulisse ja katke 1 tolli võrra külma veega. Kuumuta keemiseni ja keeda 1 minut. Kata pott tihedalt suletava kaanega ja tõsta tulelt; lase seista 8 kuni 10 minutit.

b) Vahepeal blanšeerige rohelised oad suures potis keevas soolaga maitsestatud vees erkroheliseks, umbes 2 minutit. Nõruta ja jahuta jäävee kausis. Nõruta hästi. Nõruta munad ja lase jahtuda enne munade koorimist ja pikuti pooleks lõikamist.

c) Segage suures kausis tuunikala, oliiviõli, äädikas, sibul, petersell, estragon ja Dijon, kuni need on lihtsalt ühendatud; maitsesta soola ja pipraga maitse järgi.

d) Jagage tuunikala segu 4 (32 untsi) laia suuga kaanega klaaspurki. Lisage rohelisi ube, mune, tomateid, võisalatit, rukolat ja oliive. Hoia külmkapis kuni 3 päeva.

e) Serveerimiseks raputage purgi sisu. Serveeri kohe, soovi korral sidruniviiludega.

35.Valge kala Niçoise salat

KOOSTISOSAD:
- 2 valget kalafileed, keedetud ja helvestatud
- 4 tassi segatud salatirohelist
- 4 kõvaks keedetud muna, poolitatud
- 1 tass kirsstomateid, poolitatud
- 1/2 tassi viilutatud kurki
- 1/4 tassi viilutatud musti oliive
- 2 supilusikatäit kapparid
- 1 sidruni mahl
- 3 supilusikatäit oliiviõli
- Sool ja pipar maitse järgi

JUHISED:
a) Sega suures salatikausis helvestega valge kala, segatud salatiroheline, poolitatud kõvaks keedetud munad, kirsstomatid, viilutatud kurgid, viilutatud mustad oliivid ja kapparid.
b) Kastme valmistamiseks vispelda väikeses kausis kokku sidrunimahl, oliiviõli, sool ja pipar.
c) Vala kaste salatile ja sega õrnalt läbi.
d) Serveeri valge kala Niçoise salat jahutatult.

36.Salat Niçoise

KOOSTISOSAD:
- 3 tassi eelnevalt keedetud rohelisi ube kausis
- 3 neljaks lõigatud tomatit kausis
- ¾ kuni 1 tassi vinegretti
- 1 pea Bostoni salat, eraldatud, pestud ja kuivatatud
- Suur salatikauss või madal roog
- 3 tassi külma prantsuse kartulisalatit (eelmine retsept)
- ½ tassi kivideta musti oliive, eelistatavalt kuivi Vahemere tüüpi oliive
- 3 kõvaks keedetud muna, külm, kooritud ja neljaks lõigatud
- 12 konserveeritud anšoovisefileed, nõrutatud, kas lapik või rullitud kappariga
- Umbes 1 tass (8 untsi) tuunikalakonservi, nõrutatud

JUHISED:
a) Viska salatilehed salatikaussi koos ¼ tassi vinegretiga ja aseta lehed kausi ümber.
b) Asetage kartulid kausi põhja, kaunistage ubade ja tomatitega, segades neid tuunikala, oliivide, munade ja anšoovistega.
c) Vala ülejäänud kaste salatile, puista üle ürtidega ja serveeri.

37.Niçoise'i läätse ja suitsulõhe kausid

KOOSTISOSAD:
- ¾ tassi (144 g) prantsuse läätsi
- Koššersool ja värskelt jahvatatud must pipar
- 8 sõrmkartulit, poolitatud pikuti
- 2 supilusikatäit (30 ml) avokaado- või ekstra neitsioliiviõli, jagatud
- 1 šalottsibul, tükeldatud
- 6 untsi (168 g) kärbitud rohelisi ube
- 2 pakitud tassi (40 g) rukolat
- 1 tass (150 g) viinamarjatomateid, poolitatud
- 8 redist, neljaks lõigatud
- 1 sibul apteegitilli, kärbitud ja õhukesteks viiludeks
- 4 kõvaks keedetud muna, poolitatud
- 4 untsi (115 g) õhukeselt viilutatud suitsulõhet
- 1 retsept Valge veini-sidruni vinegrett

JUHISED:
a) Kuumuta ahi temperatuurini 425 °F (220 °C või gaasimärgis 7).
b) Lisage läätsed ja näpuotsatäis soola keskmisele kastrulile ning katke veega vähemalt 5 cm (2 tolli) võrra. Kuumuta keemiseni, seejärel alanda kuumust ja hauta pehmeks, umbes 25 minutit. Tühjendage liigne vesi.
c) Vispelda kartulid 1 supilusikatäie (15 ml) õli, soola ja pipraga. Laota ühe kihina ääristatud ahjuplaadile. Rösti, kuni see on pehme ja kergelt pruunistunud, umbes 20 minutit. Kõrvale panema.
d) Samal ajal kuumutage ülejäänud 1 supilusikatäis (15 ml) õli pannil keskmisel kuumusel. Prae šalottsibul pehmeks, umbes 3 minutit. Lisa rohelised oad ning maitsesta soola ja pipraga.
e) Küpseta aeg-ajalt segades, kuni see on pehme, umbes 5 minutit.
f) Serveerimiseks jaga läätsed ja rukola kaussidesse. Kõige peale lisa krõbedad kartulid, rohelised oad, tomatid, redis, apteegitill, muna ja suitsulõhe.
g) Nirista üle valge veini-sidrunvinegretiga.

38.Praetud hariliku tuuni salat Niçoise

KOOSTISOSAD:
SALAT
- 225 g väikseid punaseid kartuleid
- 4 suurt muna
- Suur peotäis segasalatit
- 400g Dinko harilikku tuunikala
- 200 g kirsstomateid
- ½ tassi niçoise oliive
- Sool ja pipar

RIIDEMINE
- 1/3 tassi oliiviõli
- 1/3 tassi punase veini äädikat
- 1 spl Dijoni sinepit

JUHISED:
a) Valage oliiviõli, punase veini äädikas ja Dijoni sinep klaaspurki ning loksutage.
b) Pange munad suurde kastrulisse ja katke veega. Kui vesi keeb, lülitage põleti välja ja laske 10–15 minutit seista. Kurna vesi kastrulist välja, täitke külma veega ja laske seista.
c) Koori ja veerand kartulid, aseta kastrulisse, seejärel kata veega. Kuumuta keemiseni, seejärel alanda kuumust ja hauta 12 minutit.
d) Kuumutage suurt malmist panni keskmisel-kõrgel kuumusel, seejärel katke pann kergelt küpsetuspritsiga.
e) Määri Dinko Southern Bluefin Tuna pihvid soola ja pipraga ning aseta tuunikala pannile. Prae tuunikala mõlemalt poolt 2 minutit. Aseta ühele küljele ja lase jahtuda.
f) Eemaldage munad veest; koori ja lõika pikuti pooleks.
g) Viiluta tuunikala pihvid üle tera õhukesteks viiludeks.
h) Sega suures kausis kokku tomatid, oliivid, segatud salat ja kartul. Sega õrnalt.
i) Jaga salatisegu nelja taldriku vahel; kõige peale tuunikala viilud ja munad.
j) Nirista üle kastmega ja serveeri.

39.Dekonstrueeritud Nicoise salat

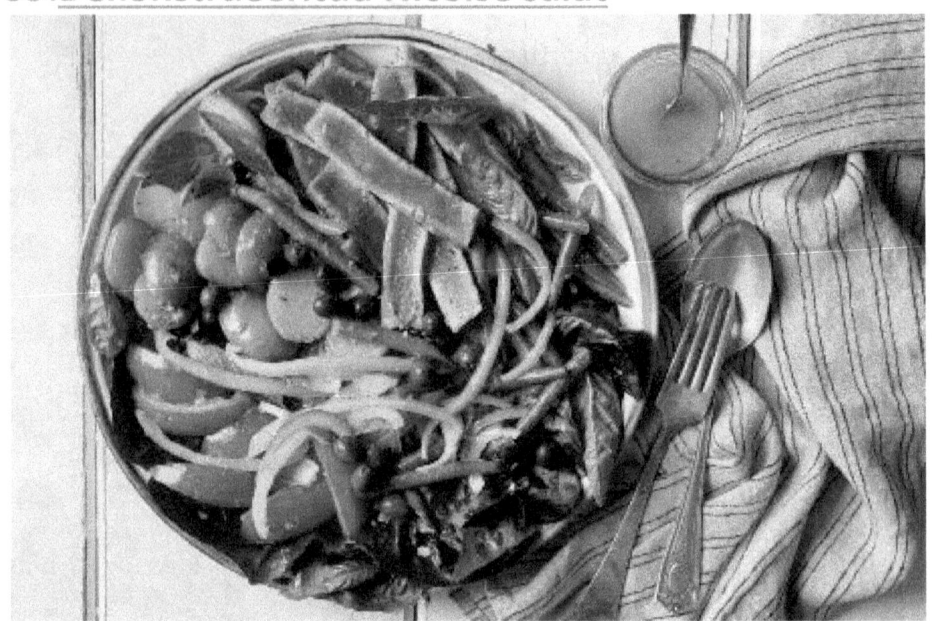

KOOSTISOSAD:
- Tuunikala praed – üks inimese kohta, grillitud oliiviõli, soola ja pipraga
- 2 uut kartulit inimese kohta
- 5-8 uba inimese kohta
- 10 oliivi inimese kohta
- 1 pehme keedetud muna inimese kohta
- Anšoovise majonees

JUHISED:
a) Keeda kartulid ja lõika viiludeks.
b) Koori pehmeks keedetud munad.
c) Blanšeeri oad.
d) BBQ tuunikala praed.
e) Ehitage, viimistledes tuunikala pihvedega.
f) Nirista üle anšoovisemajoneesiga.

40. Grillitud tuunikala Nicoise salat

KOOSTISOSAD:
- 2 spl šampanjaäädikat
- 1 spl hakitud estragoni
- 1 tl Dijoni sinepit
- 1 väike šalottsibul, peeneks hakitud
- 1/2 tl peent meresoola
- 1/4 tl jahvatatud musta pipart
- 1/4 tassi oliiviõli
- 1 (1 nael) värske või külmutatud ja sulatatud tuunikala praad
- Oliiviõli küpsetussprei
- 1 1/2 naela väikesed uued kartulid, keedetud pehmeks ja jahutatud
- 1/2 naela rohelisi ube, kärbitud, keedetud pehmeks ja jahutatud
- 1 tass poolitatud kirsstomateid
- 1/2 tassi kivideta Nicoise oliive
- 1/2 tassi õhukeselt viilutatud punast sibulat
- 1 kõvaks keedetud muna, kooritud ja viiludeks lõigatud (valikuline)

JUHISED:
a) Vahusta äädikas, estragon, Dijon, šalottsibul, sool ja pipar. Vispelda aeglaselt oliiviõliga vinegreti valmistamiseks.
b) Nirista 2 supilusikatäit vinegretti tuunikala pihvedele, katke kaanega ja jahutage 30 minutit.
c) Pihustage grill küpsetusspreiga ja eelsoojendage keskmisele kuumusele. Grilli tuunikala soovitud küpsuseni (5–7 minutit mõlemalt poolt).
d) Lõika tuunikala suurteks tükkideks. Asetage suurele vaagnale tuunikala, kartul, rohelised oad, tomatid, oliivid, sibul ja muna. Serveeri koos ülejäänud vinegretiga.

41. Mostaccioli salat Nicoise

KOOSTISOSAD:
- 1 nael Mostaccioli või penne pasta, kuumtöötlemata
- 2 naela värskeid rohelisi ube, aurutatud pehmeks-krõbedaks
- 2 keskmist rohelist paprikat, lõigatud tükkideks
- 1 pint kirsstomateid, neljaks lõigatud
- 2 tassi viilutatud sellerit
- 1 tass viilutatud rohelist sibulat
- 10-20 kivideta küpset oliivi (Kalamata), viilutatud (või maitse järgi)
- 2 (7-untsi) purki vees pakitud valget tuunikala (pikkuim-tuuni), nõrutatud ja helvestatud

RIIDEMINE:
- 1/2 tassi oliivi- või taimeõli
- 1/4 tassi punase veini äädikat
- 3 küüslauguküünt, hakitud
- 4 tl Dijoni stiilis sinepit
- 1 tl mis tahes soolavaba ürdimaitseainet
- 1 tl basiiliku lehti (värsked või kuivad)
- 1/4 tl pipart

JUHISED:
a) Valmista pasta vastavalt pakendi juhistele.
b) Pasta küpsemise ajal tükeldage köögiviljad ja oliivid, kombineerige suures kausis tuunikalaga.
c) Vahusta õli, äädikas, küüslauk, sinep, ürtimaitseaine, basiilik ja pipar.
d) Kui pasta on valmis, kurna ja lisa köögiviljadega suurde kaussi.
e) Vala kaste pastale ja sega korralikult läbi.
f) Kata ja jahuta, kuni maitsed sulavad (umbes 1-2 tundi, parema maitse saamiseks kauem).
g) Sega aeg-ajalt, kuni see jahtub, seejärel serveeri ja naudi!

42.Klassikaline salat Nicoise tuunikalaga

KOOSTISOSAD:
- 115 g rohelisi ube (kärbitud ja poolitatud)
- 115g segasalatilehti
- 1/2 väikest kurki (õhukeseks viilutatud)
- 4 küpset tomatit (nelitatud)
- 50g konserveeritud anšoovist (nõrutatud) - soovi korral
- 4 muna (kõvaks keedetud ja neljaks lõigatud VÕI pošeeritud)
- 1 väike purk tuunikala soolvees
- Sool & jahvatatud must pipar
- 50 g väikseid musti oliive - valikuline

RIIDEMINE:
- 4 spl ekstra neitsioliiviõli
- 2 küüslauguküünt (purustatud)
- 1 spl valge veini äädikat

JUHISED:
a) Kastme jaoks klopi kokku viimased 3 koostisosa ja maitsesta soola ja musta pipraga ning tõsta kõrvale.
b) Keeda rohelisi ube umbes 2 minutit (blanšeerimine) või kuni need on kergelt pehmed, seejärel nõruta.
c) Viska suures kausis kokku salatilehed, kurk, tomatid, rohelised oad, anšoovised, oliivid ja kaste.
d) Kõige peale lisa neljaks lõigatud muna(d) ja helvestega tuunikala (et see ei kaotaks oma kuju).
e) Serveeri kohe ja naudi!

43.Niçoise suitsulõhe Nicoise salat

KOOSTISOSAD:
- Üks tass porgandit
- Pool tassi värsket tüümiani
- Üks tass suitsulõhet
- Pool tl suitsupaprikat
- Kaks supilusikatäit hakitud küüslauku
- Pool tassi hakitud sellerit
- Kaks supilusikatäit oliivõli
- Kaks supilusikatäit mett
- Kitsejuust, üks tass
- Dijoni sinep, pool tassi

JUHISED:
a) Võtke suur kauss.
b) Lisa kõik koostisosad kaussi.
c) Segage kõik koostisosad hästi homogeense segu saamiseks.
d) Viska salat läbi, et kõik oleks korralikult segunenud.

44.Tuunikala ja anšoovise salat Nicoise

KOOSTISOSAD:
- 8 väikest punast kartulit (keedetud)
- 2 naela rohelisi ube (blanšeeritud)
- 10 ovaalset kirsstomatit
- 1 väike lilla sibul (õhukeseks viilutatud)
- 1/2 tassi oliive (kivideta)
- 6 kõvaks keedetud muna (veerandiks jagatud)
- 2 purki 12 untsi valget tuunikala (õlisse pakitud)
- 2 untsi anšoovisefileed (valikuline)
- Kaste: 1 sl Dijoni sinepit, 4 sl punase veini äädikat, 1/2 tassi oliiviõli, 1 tl suhkrut, 1/2 tl soola, 1/2 tl pipart, 1/4 tassi peeneks hakitud peterselli

JUHISED:
a) Keeda kartulid, veerandi, kui see on jahtunud. Keeda ja veerand munad. Blanšeeri oad ja jahuta.
b) Vahusta sinep ja äädikas ühtlaseks massiks. Lisa aeglase joana oliiviõli, vahustades kuni paksenemiseni. Lisa suhkur, sool, pipar ja hakitud petersell.
c) Segage salat, valage suurem osa kastmest, asetage roogi ümber munad, keskele tuunikala ning nirista ülejäänud kaste tuunikala ja munade peale.

45.Laetud Nicoise salat

KOOSTISOSAD:
- 1 pea rooma salatit väikesteks tükkideks rebituna
- 1 pea Bostoni või Bibbi salatit
- 2 või 3 purki tuunikala, nõrutatud
- 1 purk artišokisüdameid, nõrutatud
- 1 tass viinamarja tomateid
- 6-8 rohelist sibulat, puhastatud
- 6-8 väikest uut punast kartulit, aurutatud, jäetud kestadesse
- 1 purk anšoovisefileed, piimas leotatud, kuivaks patsutatud
- 3/4 naela värskeid rohelisi ube, blanšeeritud
- 4 kõvaks keedetud muna, neljaks lõigatud
- 2 šalottsibulat, hakitud
- 1 küüslauguküüs, purustatud
- 1,5 tl soola
- Värske jahvatatud must pipar
- 2 spl Dijoni sinepit
- 1/3 tassi punase veini äädikat
- 2/3 tassi mahedat ekstra neitsioliiviõli
- 3 spl kappareid, nõrutatud (serveeritud kaunistuseks)

JUHISED:
a) Valmista salat vastavalt juhistele, tagades krõbedad oad ja pehmed kartulid.
b) Valmista salatikaste, vahustades šalottsibulat, küüslauku, sinepi, soola ja pipart äädikaga.
c) Lisa vahustades aeglaselt õli.
d) Valage keedetud soojendatud kartulid 2 spl ettevalmistatud kastmega.
e) Viska rohelisi ube vähese supilusikatäie kastmega.
f) Pange salat kokku, asetage salat, tuunikala, munad ja palju muud. Nirista kastmega üle.
g) Kaunista kapparitega. Serveeri koos ülejäänud kastmega küljel.

46.Niçoise'i läätse ja suitsulõhe kausid

KOOSTISOSAD:
- ¾ tassi (144 g) prantsuse läätsi
- Koššersool ja värskelt jahvatatud must pipar
- 8 sõrmkartulit, poolitatud pikuti
- 2 supilusikatäit (30 ml) avokaado- või ekstra neitsioliiviõli, jagatud
- 1 šalottsibul, tükeldatud
- 6 untsi (168 g) kärbitud rohelisi ube
- 2 pakitud tassi (40 g) rukolat
- 1 tass (150 g) viinamarjatomateid, poolitatud
- 8 redist, neljaks lõigatud
- 1 sibul apteegitilli, kärbitud ja õhukesteks viiludeks
- 4 kõvaks keedetud muna, poolitatud
- 4 untsi (115 g) õhukeselt viilutatud suitsulõhet
- 1 retsept Valge veini-sidruni vinegrett

JUHISED
a) Kuumuta ahi temperatuurini 425 °F (220 °C või gaasimärgis 7).
b) Lisage läätsed ja näpuotsatäis soola keskmisele kastrulile ning katke veega vähemalt 5 cm (2 tolli) võrra. Kuumuta keemiseni, seejärel alanda kuumust ja hauta pehmeks, umbes 25 minutit. Tühjendage liigne vesi.
c) Vispelda kartulid 1 supilusikatäie (15 ml) õli, soola ja pipraga. Laota ühe kihina ääristatud ahjuplaadile. Rösti, kuni see on pehme ja kergelt pruunistunud, umbes 20 minutit. Kõrvale panema.
d) Samal ajal kuumutage ülejäänud 1 supilusikatäis (15 ml) õli pannil keskmisel kuumusel. Prae šalottsibul pehmeks, umbes 3 minutit. Lisa rohelised oad ning maitsesta soola ja pipraga. Küpseta aeg-ajalt segades, kuni see on pehme, umbes 5 minutit.
e) Serveerimiseks jaga läätsed ja rukola kaussidesse. Kõige peale lisa krõbedad kartulid, rohelised oad, tomatid, redis, apteegitill, muna ja suitsulõhe. Nirista üle valge veini-sidrunvinegretiga.

PÕHIROOG

47. Socca niçoise mähised

KOOSTISOSAD:
- 3 muna
- 150 g peeneid rohelisi ube, peal, sabaga ja hakitud 3 cm tükkideks
- 160g küpseid kirsstomateid, neljaks lõigatud
- 1 Romano pipar, tükeldatud
- 1/3 kurki, kuubikuteks
- 4 anšoovisefileed, tükeldatud
- peotäis kivideta musti Niçoise oliive
- paar basiilikulehte, jämedalt rebitud
- taimeõli, praadimiseks
- 1 x 225g purk parima kvaliteediga tuunikala, nõrutatud ja helvestatud
- peotäis lambasalatit
- soola ja värskelt jahvatatud musta pipart

SOCCA EEST
- 250 g kikerhernejahu
- 3 supilusikatäit oliiviõli
- oksake rosmariini, nõelad korjatud ja hakitud
- kastme jaoks
- 3 supilusikatäit oliiviõli
- 2 spl punase veini äädikat
- 1 küüslauguküüs, kooritud
- näputäis tuhksuhkrut
- ½ tl Dijoni sinepit

JUHISED:

a) Alusta socca taigna valmistamisest. Vahusta kausis kikerhernejahu 500 ml külma veega, oliiviõli ja rosmariin, maitsesta hästi soola ja pipraga. Kata kaanega ja pane paariks tunniks külmkappi, et tainas settiks.

b) Kastme jaoks pane kõik ained suletud moosipurki, maitsesta soola ja pipraga ning raputa korralikult läbi. Või ülisileda ja täiuslikult emulgeeritud kastme saamiseks pane kõik komponendid kannu ja pulbi mikseriga kreemjaks. Kõrvale panema.

c) Pane munad külma vette pannile, kuumuta keemiseni ja keeda 5–6 minutit. Laske külma vee all, kuni see on käsitsemiseks piisavalt jahtunud, seejärel koorige ja viilutage igaüks neljaks. Kõrvale panema.

d) Kastke rohelised oad keevasse vette ja keetke umbes 4 minutit, kuni need on pehmed. Nõruta hästi ja värskenda jooksva külma vee all, et kiiresti jahtuda ja küpsetamine peatada. Tõsta suurde kaussi ja lisa tomatid, pipar, kurk, anšoovised, oliivid ja basiilik. Vala peale kaste ja sega korralikult läbi. Kui aga valmistate enne tähtaega, ärge pange salatit enne, kui olete söömiseks valmis.

e) Eemaldage socca tainas külmkapist ja laske sellel veel viimast vispliga segada. Sel hetkel võid selle soovi korral jagada 6 klaasi vahel, et pannkoogid oleksid ühtlase suurusega. Või võite teha nii nagu mina ja teha haritud oletuse! Kulbitäis pannkoogi kohta on umbes õige. Võtke suur (28–30 cm) mittenakkuva pann ja asetage see keskmisele kuumusele. Kui see on kuum, lisa veidi õli ja pintselda sellega üle kogu panni pinna, kasutades kokkusurutud köögipaberit. Valmistage esimene pannkook, valades taignasse ja keerates seda ringi, et see leviks ümmarguseks pannkoogiks. Lase paar minutit küpseda, siis keera kalaviiluga ümber ja küpseta teiselt poolt veel paar minutit. Tõsta taldrikule ja hoia madalas ahjus soojas (umbes 110°C/90°C ventilaator/gaasimärk ¼), samal ajal kui korrake ülejäänud taignaga, et saada 6 pannkooki.

f) Serveerimiseks aseta pannkoogid laua keskele taldrikule koos salati, tuunikala, munaveerandi ja salatiga ning lase külalistel ise täita ja pakkida. Või võite need ise kokku panna ja söömiseks tihedalt fooliumisse mässida.

48. Pan-seared Salmon Niçoise

KOOSTISOSAD:
- Lõhefileed
- Segatud salatiroheline
- Kirsstomatid, poolitatud
- Niçoise oliivid
- Kõvaks keedetud munad, viilutatud
- Rohelised oad, blanšeeritud
- Beebikartul, keedetud ja poolitatud
- Kapparid
- Sidruni viilud
- Kastmeks oliiviõli ja Dijoni sinep

JUHISED:
a) Maitsesta lõhefileed ja prae pannil, kuni see on keedetud.
b) Laota taldrikule salatirohelised ja tõsta peale kirsstomateid, Niçoise'i oliive, viilutatud kõvaks keedetud mune, rohelisi ube ja kartuleid.
c) Aseta peale pannil röstitud lõhe.
d) Puista peale kapparid, pigista sidruniviilud ning nirista peale oliiviõlist ja Dijoni sinepist valmistatud kaste.

49.Kana Niçoise vardas

KOOSTISOSAD:
- Kana rinnatükk, lõigatud tükkideks
- kirsstomatid
- Niçoise oliivid
- Punane sibul, tükkideks lõigatud
- Paprika, tükkideks lõigatud
- Suvikõrvits, viilutatud
- Oliiviõli, küüslauk ja ürdid marinaadiks
- Vardad grillimiseks

JUHISED:
a) Marineeri kanatükid oliiviõlis, hakitud küüslaugus ja ürtis.
b) Lõika varrastele marineeritud kana, kirsstomatid, Niçoise oliivid, punane sibul, paprika ja suvikõrvits.
c) Grilli vardaid, kuni kana on läbi küpsenud ja köögiviljad pehmed.
d) Serveeri koos kuskussi või lihtsa salatiga.

50.Taimetoitlane Niçoise Ratatouille

KOOSTISOSAD:
- Baklažaan, tükeldatud
- Suvikõrvits, viilutatud
- Paprika, tükeldatud
- Kirsstomatid, poolitatud
- Punane sibul, viilutatud
- Küüslauk, hakitud
- Oliiviõli
- Provence'i ürdid
- Mustad oliivid
- Kapparid
- Kaunistuseks värske basiilik

JUHISED:
a) Prae kuubikuteks lõigatud baklažaani, viilutatud suvikõrvitsat, kuubikuteks lõigatud paprikat, kirsstomateid ja viilutatud punast sibulat oliiviõlis, kuni köögiviljad on pehmed.
b) Maitse saamiseks lisage hakitud küüslauku ja Provence'i ürte.
c) Sega juurde mustad oliivid ja kapparid.
d) Enne serveerimist kaunista värske basiilikuga.

51. Ratatouille Provençale

KOOSTISOSAD:
- 1 baklažaan, tükeldatud
- 2 suvikõrvitsat, viilutatud
- 1 paprika, tükeldatud
- 2 tomatit, tükeldatud
- 1 sibul, peeneks hakitud
- 3 küüslauguküünt, hakitud
- Värske tüümian ja rosmariin
- Oliiviõli
- Sool ja pipar maitse järgi

JUHISED:
a) Prae sibul ja küüslauk oliiviõlis pehmeks.
b) Lisa baklažaan, suvikõrvits, paprika ja tomatid. Küpseta, kuni köögiviljad on pehmed.
c) Sega juurde värske tüümian ja rosmariin. Maitsesta soola ja pipraga.
d) Hauta 20-30 minutit. Serveeri lisandina või koorikleivaga.

52.Tuunikala ja valge oa salat

KOOSTISOSAD:
- Konserveeritud valged oad, nõrutatud ja loputatud
- Tuunikalakonserv, nõrutatud
- Punane sibul, õhukeselt viilutatud
- Kirsstomatid, poolitatud
- Värske petersell, hakitud
- Sidrunivinegrett (sidrunimahl, oliiviõli, Dijoni sinep)
- Sool ja pipar maitse järgi

JUHISED:
a) Sega kausis valged oad, tuunikala, punane sibul, kirsstomatid ja petersell.
b) Sega eraldi kausis vinegreti jaoks kokku sidrunimahl, oliiviõli ja Dijoni sinep.
c) Vala vinegrett salatile ja viska katteks.
d) Maitsesta soola ja pipraga. Serveeri jahutatult.

53. Niçoise klassikaline Lyonnaise salat

KOOSTISOSAD:
- Üks kilo keedetud pancetta tükke
- Neli tassi segatud rohelisi
- Kaks supilusikatäit oliiviõli
- Kaks küüslauguküünt
- Üks tass punast sibulat
- Neli keedetud muna
- Üks supilusikatäis Dijoni sinepit
- Kaks supilusikatäit äädikat
- Näputäis soola
- Näputäis musta pipart

JUHISED:
a) Võtke kauss.
b) Lisa kaussi märjad koostisosad.
c) Sega hästi.
d) Lisa kaussi ülejäänud koostisosad.
e) Segage hästi, et saada homogeenne segu.

54. Niçoise pastinaagigratiin tüümiani ja Gruyere'iga

KOOSTISOSAD:
- Kaks supilusikatäit tuhksuhkrut
- Pool tassi pastinaagi viile
- Pool supilusikatäit jahvatatud nelki
- Pool supilusikatäit kaneeli
- Pool supilusikatäit muskaatpähklit
- Pool tassi soolamata võid
- Pool tl kuivatatud tüümiani
- Kaks muna
- Pool tassi koort hambakivi
- Kaks tassi universaalset jahu
- Üks tass hakitud gruyere juustu

JUHISED:
a) Võtke suur pann.
b) Kuumutage seda keskmisel kõrgel kuumusel.
c) Lisage sinna suhkur.
d) Kuumuta, kuni see muutub kuldseks karamelliks.
e) Lisa pastinaagiviilud, kaneel, nelk ja muskaatpähkel.
f) Suurendage kuumust ja küpseta viis minutit.
g) Eemaldage see tulelt ja laske jahtuda.
h) Võtke suur kauss ja lisage sinna juust.
i) Lisa sinna juurde tartarikoor ja jahu.
j) Lisa kaussi keedetud pastinaak ja ülejäänud koostisosad.
k) Lisa koostisosad ahjuvormi.
l) Küpsetage koostisosi kümme kuni viisteist minutit.

55. Niçoise Filet Mignon Bearnaise kastmega

KOOSTISOSAD:
- Kaks munakollast
- Kaks supilusikatäit oliiviõli
- Pool tassi Dijoni sinepit
- Üks tass Worcestershire'i kastet
- Kaks teelusikatäit hakitud kappareid
- Üks nael pihvifileed
- Üks tass anšoovisepastat
- Üks supilusikatäis musta pipart
- Kaks supilusikatäit brändit
- Kaks supilusikatäit Pernodi
- Pool teelusikatäit soola
- Tükeldatud värske murulauk
- Pool tassi béarnaise kastet

JUHISED:
a) Võtke suur kauss.
b) Lisa kaussi kuivatatud koostisosad.
c) Sega hästi.
d) Lisa kaussi anšoovisepüree.
e) Lisa brändi, Pernod ja maitseained.
f) Lisa praad ja ülejäänud koostisosad.
g) Sega koostisained hästi läbi.
h) Lisa steigitükkidele soola ja musta pipart.
i) Grilli steigitükid.
j) Tõsta tükid välja, kui praad on mõlemalt poolt küpsenud.
k) Vala peale bearnaise kaste.

56.Niçoise veiseliha Bourguignoni pirukas

KOOSTISOSAD:
- Üks tass hakitud peekonit
- Kaks supilusikatäit oliiviõli
- Üks tass valget hakitud sibulat
- Üks supilusikatäis hakitud küüslauku
- Kolm supilusikatäit universaalset jahu
- Kaks tassi veisehakkliha
- Kolm tassi veiseliha tükke
- Üks veiseliha puljongikuubik
- Kolm tassi punast veini
- Üks teelusikatäis hakitud küüslauku
- Üks kilo pruune seeni
- Kolm supilusikatäit pehmet võid
- Üks tass segatud juustu
- Üks oksake värsket hakitud rosmariini
- Üks oksake värsket hakitud tüümiani
- Üks oksake hakitud värsket peterselli
- Kaks tassi veiselihapuljongit
- Üks pakk pirukataignast

JUHISED:
a) Võtke suur pann.
b) Lisa pannile või ja sibul.
c) Lisa pannile vürtsid, ürdid ja tomatid.
d) Küpseta segu hästi.
e) Lisa pannile veisehakkliha ja veiselihatükid.
f) Lisa veiselihapuljong ja kata pann, et liha korralikult küpseks.
g) Kui veiselihasegu kuivab, lisa ülejäänud koostisosad.
h) Küpseta segu hästi.
i) Laota pirukatainas võiga määritud ahjuvormi.
j) Vala burguignoni segu ja kata see veel taignaga.
k) Küpseta roogi kümme minutit.
l) Lisa peale hakitud petersell.

57. Niçoise Bouillabaisse

KOOSTISOSAD:
- Kaks apelsinikoore riba
- Kolm loorberilehte
- Üks tass hakitud sibulat
- Üks supilusikatäis musta pipart
- Üks tass hakitud porrulauku
- Kaks supilusikatäit oliiviõli
- Kaheksa kuivatatud tšillit
- Kaks teelusikatäit hakitud küüslauku
- Üks tass rannakarpe
- Üks tass segatud Vahemere kala
- Üks tass tomatipastat
- Näputäis safranit
- Üks teelusikatäis musta pipart
- Kaks tassi küpseid tomateid
- Kaks tassi kalapuljongit
- Kaks supilusikatäit pernood
- One Star aniis
- Näputäis soola
- Üks supilusikatäis hakitud värsket murulauku

JUHISED:
a) Võtke suur pann.
b) Lisa pannile õli ja sibul.
c) Küpseta sibulaid, kuni need muutuvad pehmeks ja läbipaistvaks.
d) Lisa pannile küüslauk.
e) Küpseta segu hästi.
f) Lisa tomatipasta, tükeldatud küpsed tomatid ja maitseained.
g) Keeda segu viis minutit.
h) Lisa pannile rannakarbid ja Vahemere kala.
i) Küpsetage koostisosad hästi.
j) Lisa ülejäänud koostisosad.
k) Lisa kalapuljong ja ülejäänud koostisosad.
l) Kata pann kaanega ja küpseta kümme minutit.
m) Kaunista roog hakitud värske murulauguga.

58.Niçoise röstitud kana ja kartul

KOOSTISOSAD:
- Kaks tassi kartuliviilu
- Üks supilusikatäis koššersoola
- Üks supilusikatäis musta pipart
- Kaks tassi punast veini
- Üks loorberileht
- Üks teelusikatäis suhkrut
- Üks teelusikatäis kuivatatud tüümiani
- Üks tass porgandit
- Üks sibul
- Kaks tassi kanatükke
- Üks teelusikatäis küüslaugupastat
- Pool tassi tomatipastat
- Pool tassi soolamata võid
- Kaks supilusikatäit universaalset jahu
- Hakitud petersell

JUHISED:
a) Võtke suur kauss.
b) Lisa kaussi kartuliviilud ja kana.
c) Maitsesta koostisained pipra ja soolaga.
d) Sega kokku punane vein, loorberileht ja tüümian.
e) Kata kartulid ja kana kolmkümmend minutit marinaadis.
f) Võtke suur ahjupann.
g) Lisa pannile soolata või.
h) Lisage sinna marineeritud koostisosad.
i) Lisa ülejäänud koostisosad segule.
j) Röstige rooga kolmkümmend minutit ja seejärel vormige see välja.

59. Niçoise suitsulõhe suupisted

KOOSTISOSAD:
- Kaks supilusikatäit oliiviõli
- Pool tassi hakitud värsket tilli
- Üks tass suitsulõhet
- Leiva viilud
- Üks tass hakitud värsket murulauku
- Üks tass tükeldatud tomateid
- Üks teelusikatäis segatud vürtsipulbrit
- Üks tass sibulat
- Pool tl suitsupaprikat
- Üks tass crème fraiche'i
- Näputäis soola
- Üks supilusikatäis võid
- Üks teelusikatäis musta pipart

JUHISED:
a) Võtke pann.
b) Lisage õli ja sibul.
c) Küpseta sibulaid, kuni need muutuvad pehmeks ja lõhnavaks.
d) Lisa sinna suitsulõhe.
e) Lisa vürtsid.
f) Lisa ülejäänud koostisosad segusse.
g) Võta leivaviilud ja määri mõlemale poolele võiga.
h) Rulli need rulli ja aseta ahjuvormi.
i) Lisa segu saiaviilude peale.
j) Küpseta saiaviile kakskümmend minutit.

60. Niçoise Sole Meunière

KOOSTISOSAD:
- Kaks supilusikatäit jahu
- Üks supilusikatäis musta pipart
- Kaks supilusikatäit oliiviõli
- Pool tassi Dijoni sinepit
- Üks tass Worcestershire'i kastet
- Kaks teelusikatäit hakitud kappareid
- Üks kilo kalafileed
- Üks tass anšoovisepastat
- Kaks supilusikatäit Pernodi
- Pool teelusikatäit soola
- Tükeldatud värske murulauk

JUHISED:
a) Võtke suur kauss.
b) Lisa kaussi kuivatatud koostisosad.
c) Sega hästi.
d) Lisa anšoovisepüree kaussi.
e) Lisa Pernod ja maitseained.
f) Lisa praad ja ülejäänud koostisosad.
g) Sega koostisained hästi läbi.
h) Grilli kalatükid.
i) Tõsta tükid välja, kui kala on mõlemalt poolt küpsenud.

61. Lambaliha Ratatouille

KOOSTISOSAD:
- 1 nael lambahautist liha
- 1 baklažaan, tükeldatud
- 2 suvikõrvitsat, viilutatud
- 1 paprika, tükeldatud
- 2 tomatit, tükeldatud
- 1 sibul, peeneks hakitud
- 3 küüslauguküünt, hakitud
- Värske tüümian ja rosmariin
- Oliiviõli
- Sool ja pipar maitse järgi

JUHISED:
a) Pruunista lambahautis oliiviõlis suures potis. Eemaldage ja asetage kõrvale.
b) Prae sibul ja küüslauk samas potis pehmeks.
c) Lisa baklažaan, suvikõrvits, paprika ja tomatid. Küpseta, kuni köögiviljad on pehmed.
d) Tõsta lambaliha potti tagasi, lisa värske tüümian ja rosmariin. Hauta, kuni lambaliha on läbi küpsenud.
e) Maitsesta soola ja pipraga. Serveeri kuskussi või riisi peal.

62.Provence'i kana ürtidega

KOOSTISOSAD:
- 4 kondiga, nahaga kanakintsu
- 1 sidrun, viilutatud
- 2 spl värsket tüümiani, hakitud
- 2 spl värsket rosmariini, hakitud
- 3 küüslauguküünt, hakitud
- 1/4 tassi valget veini
- 1/4 tassi kanapuljongit
- Oliiviõli
- Sool ja pipar maitse järgi

JUHISED:
a) Kuumuta ahi temperatuurini 375 °F (190 °C).
b) Maitsesta kanakintsud soola ja pipraga.
c) Kuumuta pannil oliiviõli ja pruun kana mõlemalt poolt.
d) Tõsta kana küpsetusnõusse. Lisa sidruniviilud, tüümian, rosmariin ja küüslauk.
e) Vala kanale valge vein ja kanapuljong. Küpseta ahjus, kuni kana on läbi küpsenud ja kuldne.

63.Pissaladière

KOOSTISOSAD:
- Pitsatainas või lehttainas
- 2 suurt sibulat, õhukeselt viilutatud
- 1/4 tassi oliiviõli
- 1 tl kuivatatud tüümiani
- Anšoovised (konserveeritud või purkides)
- Mustad oliivid, kivideta

JUHISED:
a) Kuumuta ahi temperatuurini 400 °F (200 °C).
b) Prae sibul oliiviõlis karamelliseerunud, seejärel sega kuivatatud tüümianiga.
c) Rulli pitsatainas või lehttainas lahti ja tõsta ahjuplaadile.
d) Laota karamelliseeritud sibulad ühtlaselt taignale, aseta sardellid risti ja aseta anšooviste vahele oliivid.
e) Küpseta, kuni koor on kuldpruun. Tükelda ja serveeri soojalt või toatemperatuuril.

64. Niçoise Chicken Casserole

KOOSTISOSAD:
- Üks supilusikatäis Dijoni sinepit
- Üks supilusikatäis hakitud värsket murulauku
- Pool tl suitsupaprikat
- Üks tass kanatükke
- Üks tass Niçoise juustu
- Kaks supilusikatäit oliiviõli
- Üks tass kuivatatud valget veini
- Pool tassi piima
- üks tass crème fraiche'i
- üks teelusikatäis ürdipulbrit
- Üks tass sibulat
- Üks teelusikatäis hakitud küüslauku

JUHISED:
a) Võtke pann.
b) Lisage õli ja sibul.
c) Küpseta sibulaid, kuni need muutuvad pehmeks ja lõhnavaks.
d) Lisa vürtsid.
e) Sega ained hoolikalt läbi ja kata pann.
f) Sega segusse kana ja kuiv valge vein.
g) Küpseta kana hästi.
h) Lülitage pliit välja.
i) Kui segu jahtub, lisa sellele ülejäänud ained.
j) Kalla pajaroa segu ahjuvormi.
k) Puista peale hakitud Niçoise juust.
l) Küpseta pajarooga kakskümmend minutit.
m) Tõsta pajaroog valmis, kui see on valmis.
n) Puista peale koriandrit.

65.Niçoise sinepikana

KOOSTISOSAD:
- Üks tass sibulat
- Üks tass köögiviljapuljongit
- Pool tl suitsupaprikat
- Kaks supilusikatäit Dijoni sinepit
- Kaks teelusikatäit valget suhkrut
- Kaks supilusikatäit oliiviõli
- Kaks tassi tomatipastat
- Üks supilusikatäis kuivatatud rosmariini
- Näputäis soola
- Näputäis musta pipart
- Üks teelusikatäis kuivatatud tüümiani
- Üks kilo kanatükke
- Kaks supilusikatäit hakitud küüslauku
- Pool tassi kuiva valget veini
- Pool tassi sidrunimahla
- Pool tassi koriandrit

JUHISED:
a) Võtke suur pann.
b) Lisa sinna oliiviõli ja sibulaviilud.
c) Prae sibulaviilud.
d) Lisa pannile küüslauk, kanatükid, sidrunimahl ja vürtsid.
e) Küpseta kanatükke vürtsides viis kuni kümme minutit.
f) Lisa ülejäänud koostisosad segusse.
g) Keeda segu, kuni see hakkab keema.
h) Alanda kuumust ja kata pann kaanega.
i) Kümne minuti pärast eemaldage kaas.

66.Niçoise veiselihahautis

KOOSTISOSAD:
- Kaks supilusikatäit oliiviõli
- Üks kilo veiseliha tükke (pool keedetud)
- Kaks supilusikatäit hakitud küüslauku
- Kaks tassi hakitud šalottsibulat
- Üks tass hakitud sibulat
- Üks tass hakitud peterselli
- Üks tass köögiviljapuljongit
- Üks supilusikatäis Provence'i ürte
- Pool tassi hakitud värsket tüümiani
- Pool tassi hakitud värsket rosmariini
- Pool tassi hakitud värsket murulauku
- Üks teelusikatäis segatud vürtsipulbrit
- Pool tl suitsupaprikat
- Üks loorberileht
- Pool teelusikatäit soola
- Üks teelusikatäis musta pipart

JUHISED:
a) Võtke suur kauss.
b) Lisa kaussi kõik tükeldatud koostisosad.
c) Sega kõik koostisosad hästi läbi.
d) Lisage sellele veidi vett.
e) Blenderda segu saumikseriga.
f) Veenduge, et koostisosad muutuksid ühtlaseks.
g) Lisa veiseliha segusse.
h) Marineerige pool keedetud veiseliha segus viisteist minutit.
i) Võtke suur pann.
j) Lisa pannile kõik koostisosad ja oliiviõli.
k) Sega hautis hästi läbi.
l) Küpseta hautist kümme kuni viisteist minutit.

67. Niçoise meriahven Au Pistou

KOOSTISOSAD:
- Pool tassi neitsioliiviõli
- Kaks küüslauguküünt
- Kaks sellerivart
- Üks magus sibul
- Üks kartul
- Pool teelusikatäit soola
- Üks teelusikatäis musta pipart
- Pool tl suitsupaprikat
- Pool tassi valget veini
- Kaks tassi kalapuljongit
- Üks tass meriahvenat
- Kaks supilusikatäit klassikalist pistou

JUHISED:
a) Võtke suur pann.
b) Kuumuta pannil õli.
c) Lisa sinna küüslauk, sellerivarred ja sibul.
d) Küpseta seda segades kümme minutit.
e) Vajadusel lisage meriahven, ürte, soola ja pipart.
f) Lisa sinna suitsupaprika ja küpseta üks minut.
g) Lisa vein ja sega korralikult läbi ning küpseta veel üks minut.
h) Lisa ülejäänud koostisosad keedusegusse.
i) Küpseta roogi kakskümmend minutit.
j) Kaunista roog lõpus pistouga.
k) Teie supp on serveerimiseks valmis.

68. Niçoise Coq Au Vin

KOOSTISOSAD:
- Üks tass kanatükke
- Üks supilusikatäis koššersoola
- Üks supilusikatäis musta pipart
- Kaks tassi punast veini
- Üks loorberileht
- Üks teelusikatäis suhkrut
- Kaks tüümianioksa
- Pool tassi kuubikuteks lõigatud peekonit
- Üks tass porgandit
- Üks sibul
- Üks teelusikatäis hakitud küüslauku
- Pool tassi tomatipastat
- Petersell

JUHISED:
a) Võtke suur kauss.
b) Lisa sinna kanatükid.
c) Maitsesta kana pipra ja soolaga.
d) Kombineeri kana punase veini, loorberilehe ja tüümianiga.
e) Katke see ja marineerige kolmkümmend minutit.
f) Küpseta peekoneid, kuni need muutuvad krõbedaks.
g) Lisa sinna marineeritud kana.
h) Küpseta, kuni kana muutub kuldpruuniks.
i) Lisa sibul, porgand ja kõik köögiviljad.
j) Lisa küüslauk, tomatipasta ja küpseta üks minut.
k) Lisa ülejäänud koostisosad segusse.
l) Küpseta koostisosi kümme kuni viisteist minutit.

69. Niçoise Chicken Cassoulet

KOOSTISOSAD:
- Üks nael ube
- Üks teelusikatäis koššersoola
- Pool kilo kana
- Kaks supilusikatäit pardirasva
- Üks teelusikatäis musta pipart
- Petersell
- Üks teelusikatäis küüslaugupulbrit
- Kaks sellerivart
- Üks tass sibulat
- Üks tass küüslauguvorsti
- Kaks loorberilehte

JUHISED:
a) Võtke suur kauss.
b) Vajadusel lisa oad ja vesi.
c) Lisage ubadesse sool ja pipar.
d) Kuumuta pardirasv.
e) Lisage sool ja küpseta, kuni see muutub pruuniks.
f) Maitsesta kanatükid pipraga.
g) Lisa vorstid ja küpseta hästi.
h) Lisa sibulad küpsetussegusse.
i) Lisa küüslauk, sellerivarred, petersell, loorberilehed ja lisa oasegu.
j) Küpseta ube koos kõigi koostisosadega nelikümmend viis minutit.
k) Veenduge, et kõik kana ja oad oleksid hästi segunenud.
l) Lisa peale hakitud petersell.

70. Niçoise Potato Dauphinoise

KOOSTISOSAD:
- Kaks supilusikatäit tuhksuhkrut
- Pool tassi kartuliviile
- Pool supilusikatäit hakitud küüslauku
- Pool teelusikatäit kaneeli
- Pool supilusikatäit muskaatpähklit
- Pool tassi soolamata võid
- Pool tassi koort hambakivi
- Kaks tassi universaalset jahu
- Üks tass riivitud juustu

JUHISED:
a) Võtke suur pann.
b) Lisa pannile vesi.
c) Kuumutage seda keskmisel kõrgel kuumusel.
d) Lisage sinna suhkur.
e) Kuumuta, kuni see muutub kuldseks.
f) Lisa kartuliviilud, kaneel, küüslauk ja muskaatpähkel.
g) Suurendage kuumust ja küpseta viis minutit.
h) Eemaldage see tulelt ja laske jahtuda.
i) Võtke suur kauss.
j) Lisage sellele juust.
k) Lisa sinna juurde tartarikoor ja jahu.
l) Lisage sellele või.
m) Segage seda kuni taigna moodustumiseni.
n) Lisa tainas kartulisegule.
o) Küpseta roogi viisteist minutit.

71. Niçoise Mushroom Bourguignon

KOOSTISOSAD:
- Kaks supilusikatäit oliiviõli
- Üks tass valget hakitud sibulat
- Üks supilusikatäis hakitud küüslauku
- Kolm supilusikatäit universaalset jahu
- Kolm tassi seene viile
- Kolm tassi punast veini
- Üks teelusikatäis hakitud küüslauku
- Kolm supilusikatäit pehmet võid
- Üks oksake värsket hakitud rosmariini
- Üks oksake värsket hakitud tüümiani
- Üks oksake hakitud värsket peterselli
- Kaks tassi köögiviljapuljongit

JUHISED:
a) Võtke suur pann.
b) Lisa pannile või ja sibul.
c) Lisa pannile vürtsid, ürdid ja tomatid.
d) Küpseta segu hästi.
e) Lisa pannile seeneviilud.
f) Lisa köögiviljapuljong ja kata pann, et köögiviljad korralikult küpseksid.
g) Kui köögiviljasegu kuivab, lisa ülejäänud koostisosad.
h) Küpseta roogi kümme minutit.
i) Lisa peale hakitud petersell.

72.Oad ja köögiviljad Cassoulet

KOOSTISOSAD:
- Üks kilo ube
- Üks teelusikatäis koššersoola
- Kaks supilusikatäit võid
- Üks teelusikatäis musta pipart
- Petersell
- Üks teelusikatäis küüslaugupulbrit
- Kaks sellerivart
- Üks tass sibulat
- Kaks tassi segatud köögivilju
- Kaks loorberilehte

JUHISED:
a) Võtke suur kauss.
b) Vajadusel lisa oad ja vesi.
c) Lisage ubadesse sool ja pipar.
d) Kuumuta või.
e) Lisage sool ja küpseta, kuni see muutub pruuniks.
f) Maitsesta köögiviljatükid pipraga.
g) Lisa sibulad küpsetussegusse.
h) Lisa küüslauk, sellerivarred, petersell, loorberilehed ja lisa oasegu.
i) Küpseta ube koos kõigi koostisosadega nelikümmend viis minutit.
j) Veenduge, et kõik köögiviljad ja oad oleksid hästi segunenud.
k) Lisa peale hakitud petersell.

73.Taimne Niçoise leivapits a

KOOSTISOSAD:
- Pool kilo segaköögivilju
- Üks kollane sibul
- Kaks tassi mozzarella juustu
- Üks teelusikatäis kuivatatud rosmariini
- Näputäis musta pipart
- Näputäis soola
- Üks tass tomatikastet
- Üks supilusikatäis parmesani juustu
- Pool tassi viilutatud oliive
- Kaks supilusikatäit oliiviõli
- Üks pakk leivataignast

JUHISED:
a) Rulli saia tainas ahjuvormi lahti.
b) Määri taignale tomatikaste.
c) Lisa köögiviljad ja ülejäänud koostisosad kastme peale.
d) Küpseta pitsat umbes kakskümmend minutit.
e) Nõu välja, kui see on valmis.

74. Niçoise Potatoes Au Vin

KOOSTISOSAD:
- Üks tass kartulitükke
- Üks supilusikatäis koššersoola
- Üks supilusikatäis musta pipart
- Kaks tassi punast veini
- Üks loorberileht
- Üks teelusikatäis suhkrut
- Kaks tüümianioksa
- Üks tass porgandit
- Üks sibul
- Üks teelusikatäis hakitud küüslauku
- Pool tassi tomatipastat
- Petersell

JUHISED:
a) Võtke suur kauss.
b) Lisa sinna kartulitükid.
c) Maitsesta kartul pipra ja soolaga.
d) Sega kartul punase veini, loorberilehe ja tüümianiga.
e) Katke see ja marineerige kolmkümmend minutit.
f) Lisage sinna marineeritud kartulid.
g) Küpseta, kuni kartulid muutuvad kuldpruuniks.
h) Lisa sibul, porgand ja kõik köögiviljad.
i) Lisa küüslauk, tomatipasta ja küpseta üks minut.
j) Lisa ülejäänud koostisosad segusse.
k) Küpseta kümme minutit.

75. Niçoise Ratatouille

KOOSTISOSAD:
- Näputäis koššersoola
- Üks teelusikatäis musta pipart
- Üks tass baklažaanitükke
- Üks tass suvikõrvitsatükke
- Veerand tassi hakitud majoraanidatleid
- Üks tass hakitud murulauku
- Üks tass kirsstomateid
- Pool tassi suviseid soolaseid oksi
- Kaks supilusikatäit hakitud küüslauku
- Kaks supilusikatäit kuivatatud tüümiani
- Pool tassi hakitud peterselli
- Kaks teelusikatäit Provence'i ürte
- Pool tassi hakitud sibulat
- Kaks supilusikatäit oliiviõli
- Pool tassi basiiliku lehti
- Üks tass punast paprikat
- Üks supilusikatäis purustatud punast pipart
- Üks loorberileht
- Pool teelusikatäit apteegitilli lehti

JUHISED:
a) Võtke suur pann.
b) Lisa sinna oliiviõli ja hakitud sibul.
c) Küpseta sibulaid, kuni need muutuvad helepruuniks.
d) Lisa pannile hakitud küüslauk.
e) Keeda segu viis minutit.
f) Maitsesta segu soola ja pipraga.
g) Lisa vürtsid ja kõik köögiviljad.
h) Purusta kausis kirsstomatid ja lisa sool.
i) Kui köögiviljad on valmis, valage segu taldrikule.
j) Lisa pannile purustatud tomatid.
k) Küpseta tomateid kümme minutit või kuni need muutuvad pehmeks.
l) Lisa köögiviljasegu uuesti pannile.
m) Keeda segu ning lisa hakitud majoraanidatlid, basiilik ja petersellilehed.

76. Niçoise köögiviljahautis

KOOSTISOSAD:
- Kaks supilusikatäit oliiviõli
- Üks kilo köögiviljasegu
- Kaks supilusikatäit hakitud küüslauku
- Kaks tassi hakitud šalottsibulat
- Üks tass hakitud sibulat
- Üks tass hakitud peterselli
- Üks tass köögiviljapuljongit
- Üks supilusikatäis Provence'i ürte
- Pool tassi hakitud värsket tüümiani
- Pool tassi hakitud värsket rosmariini
- Pool tassi hakitud värsket murulauku
- Üks teelusikatäis segatud vürtsipulbrit
- Pool tl suitsupaprikat
- Üks loorberileht
- Pool teelusikatäit soola
- Üks teelusikatäis musta pipart

JUHISED:
a) Võtke suur pann.
b) Lisa pannile kõik koostisosad ja oliiviõli.
c) Sega hautis hästi läbi.
d) Küpseta hautist kümme kuni viisteist minutit.

77.Niçoise taimetoitlane päts

KOOSTISOSAD:
- Kaks supilusikatäit oliiviõli
- Pool tassi hakitud šalottsibulat
- Üks tass kuubikuteks lõigatud rohelist paprikat
- Üks teelusikatäis hakitud küüslauku
- Üks tass kuubikuteks lõigatud baklažaani
- Üks tass kuubikuteks lõigatud suvikõrvitsat
- Poolteist tassi universaalset jahu
- Üks teelusikatäis musta pipart
- Pool tassi kuubikuteks lõigatud tomateid
- Pool teelusikatäit soola
- Pool tassi piima
- Poolteist tassi Šveitsi juustu
- Oliiviõli harjamiseks
- Kolm tervet muna

JUHISED:
a) Võtke suur pann.
b) Lisa pannile kaks supilusikatäit oliiviõli ja hakitud šalottsibul.
c) Küpseta šalottsibulat mõni minut, kuni need muutuvad helepruuniks.
d) Lisa pannile hakitud küüslauk, tomatid, baklažaan, suvikõrvits ja roheline paprika.
e) Küpseta köögivilju kümme minutit.
f) Lisa pannile sool ja must pipar ning sega korralikult läbi.
g) Lülitage pliit välja ja laske segul jahtuda.
h) Võtke suur kauss.
i) Lisa kaussi munad ja piim.
j) Klopi korralikult läbi ning seejärel lisa kaussi jahu ja köögiviljad.
k) Sega kõik hästi läbi.
l) Vala segu võiga määritud leivavormi.
m) Lisa taigna peale Šveitsi juust ja määri päts pealt oliiviõliga.
n) Asetage pann eelkuumutatud ahju ja küpsetage päts.
o) Tõsta päts neljakümne minuti pärast välja.

78.Niçoise Vegetable Au Gratin

KOOSTISOSAD:
- Kaks supilusikatäit tuhksuhkrut
- Pool tassi segatud köögiviljaviile
- Pool supilusikatäit jahvatatud nelki
- Pool supilusikatäit kaneeli
- Pool supilusikatäit muskaatpähklit
- Pool tassi soolamata võid
- Pool tl kuivatatud tüümiani
- Kaks muna
- Pool tassi koort hambakivi
- Kaks tassi universaalset jahu
- Üks tass hakitud gruyere juustu

JUHISED:
a) Võtke suur pann.
b) Kuumutage seda keskmisel kõrgel kuumusel.
c) Lisage sinna suhkur.
d) Kuumuta, kuni see muutub kuldseks karamelliks.
e) Lisa köögiviljaviilud, kaneel, nelk ja muskaatpähkel.
f) Suurendage kuumust ja küpseta viis minutit.
g) Eemaldage see tulelt ja laske jahtuda.
h) Võtke suur kauss ja lisage sinna juust.
i) Lisa sinna juurde tartarikoor ja jahu.
j) Lisage keedetud köögiviljad ja ülejäänud koostisosad
k) kaussi.
l) Lisa koostisosad ahjuvormi.
m) Küpsetage koostisosi kümme kuni viisteist minutit.

79.Niçoise taimne Niçoise dipikastevõileib

KOOSTISOSAD:
- Neli supilusikatäit taimset baasi
- Kolm supilusikatäit Dijoni sinepit
- Kaks supilusikatäit oliiviõli
- Niçoise baguette
- Kaks supilusikatäit hakitud värsket murulauku
- Veerand tassi seeneviile
- Soola maitse järgi
- Kaks tassi viilutatud paprikat
- Must pipar maitse järgi
- Kaks tassi päikesekuivatatud tomateid
- Üks pakk Niçoise juustuviilu
- Kaks teelusikatäit võid

JUHISED:
a) Rösti seene- ja paprikaviilud ahjus, lisades võid, soola ja pipart.
b) Röstige baguette ja alustage koostisosadega vooderdamist.
c) Lisa ükshaaval kõik koostisosad ja lõpuks röstitud seened ja paprika.
d) Mähi baguette.
e) Võileiba võid serveerida mis tahes eelistatud kastme või dipikastmega.

80.Niçoise valge oahautis

KOOSTISOSAD:
- Kaks supilusikatäit oliivõli
- Üks nael valgeid ube (pool keedetud)
- Pool tassi hakitud nelki
- Kaks tassi hakitud šalottsibulat
- Üks tass hakitud sibulat
- Üks tass hakitud peterselli
- Üks tass köögiviljapuljongit
- Üks supilusikatäis Provence'i ürte
- Pool tassi hakitud värsket tüümiani
- Pool tassi hakitud värsket rosmariini
- Pool tassi hakitud värsket murulauku
- Üks teelusikatäis segatud vürtsipulbrit
- Pool tl suitsupaprikat
- Üks loorberileht
- Soola maitse järgi
- Must pipar maitse järgi

JUHISED:
a) Võtke suur kauss.
b) Lisa kaussi kõik tükeldatud koostisosad.
c) Sega kõik koostisosad hästi läbi.
d) Lisage sellele veidi vett.
e) Blenderda segu saumikseriga.
f) Veenduge, et koostisosad muutuksid ühtlaseks.
g) Lisa oad segusse.
h) Marineerige pool keedetud ube viisteist minutit.
i) Võtke suur pann.
j) Lisa pannile kõik koostisosad ja oliivõli.
k) Sega hautis hästi läbi.
l) Küpseta hautist kümme kuni viisteist minutit.

81. Niçoise mandli Niçoise röstsai

KOOSTISOSAD:
- Neli saiaviilu
- Üks supilusikatäis küpsetuspulbrit
- Üks supilusikatäis vaniljeekstrakti
- Pool tassi mandlipiima
- Näputäis soola
- Üks muna
- Pool tassi purustatud mandleid

JUHISED:
a) Võtke suur kauss.
b) Lisa muna suurde kaussi.
c) Sega munad ühtlaseks seguks.
d) Lisage ükshaaval ülejäänud koostisosad, et ei tekiks klastreid.
e) Kuumuta suur pann.
f) Lisa pehme või ja kuumuta.
g) Kasta saiaviilud kaussi.
h) Asetage viilud pannile ja küpsetage igast küljest.
i) Küpseta saiaviile, kuni need muutuvad kuldpruuniks.
j) Lisa peale purustatud mandlid.

82. Niçoise läätsehautis

KOOSTISOSAD:
- Kaks supilusikatäit oliiviõli
- Üks kilo läätsi (pool keedetud)
- Pool tassi hakitud nelki
- Kaks tassi hakitud šalottsibulat
- Üks tass hakitud sibulat
- Üks tass hakitud peterselli
- Üks tass köögiviljapuljongit
- Üks supilusikatäis Provence'i ürte
- Pool tassi hakitud värsket tüümiani
- Pool tassi hakitud värsket rosmariini
- Pool tassi hakitud värsket murulauku
- Üks teelusikatäis segatud vürtsipulbrit
- Pool tl suitsupaprikat
- Üks loorberileht
- Soola maitse järgi
- Must pipar maitse järgi

JUHISED:
a) Võtke suur kauss.
b) Lisa kaussi kõik tükeldatud koostisosad.
c) Sega kõik koostisained hästi läbi.
d) Lisage sellele veidi vett.
e) Blenderda segu saumikseriga.
f) Veenduge, et koostisosad muutuksid ühtlaseks.
g) Lisa läätsed segusse.
h) Marineerige pool keedetud läätsi segus viisteist minutit.
i) Võtke suur pann.
j) Lisa pannile kõik koostisosad ja oliiviõli.
k) Sega hautis hästi läbi.
l) Küpseta hautist kümme kuni viisteist minutit.

83.Niçoise One Pot Niçoise Sibulapasta

KOOSTISOSAD:
- Üks tass tükeldatud sibulat
- Kaks supilusikatäit oliiviõli
- Üks tass kirsstomateid
- Üks pakk pastat
- Üks tass köögiviljapuljongit
- Üks teelusikatäis tüümianipulbrit
- Üks tass riivitud juustu
- Pool tl suitsupaprikat
- Üks tass vett
- Kaks supilusikatäit hakitud küüslauku
- Kaks supilusikatäit hakitud ingverit
- Pool tassi koriandrit

JUHISED:
a) Võtke pann.
b) Lisage õli ja sibul.
c) Küpseta sibulaid, kuni need muutuvad pehmeks ja lõhnavaks.
d) Lisa hakitud küüslauk ja ingver.
e) Küpseta segu hästi.
f) Lisa vürtsid.
g) Lisa sisse puljong.
h) Segage koostisosad hoolikalt ja katke pann.
i) Keeda pasta vastavalt pakendil olevale juhisele.
j) Lisa kirsstomatid.
k) Sega segusse pasta ja riivitud juust.
l) Lisage peale koriander.

84.Niçoise läätsesalat kitsejuustuga

KOOSTISOSAD:
- Kolm tassi köögiviljapuljongit
- Üks tass porgandit
- Pool tassi värsket tüümiani
- Üks tass Niçoise läätsi
- Pool tl suitsupaprikat
- Kaks supilusikatäit hakitud küüslauku
- Pool tassi hakitud sellerit
- Kaks supilusikatäit oliiviõli
- Kaks supilusikatäit mett
- Üks tass kitsejuustu
- Pool tassi Dijoni sinepit

JUHISED:
a) Võtke suur pann.
b) Lisa pannile õli ja läätsed.
c) Prae läätsed segades läbi ja seejärel lisa sinna köögiviljapuljong.
d) Laske läätsedel küpseda umbes kolmkümmend minutit või kuni vedelik kastrulis ära kuivab.
e) Lisa ülejäänud koostisosad kaussi.
f) Segage kõik koostisosad hästi homogeense segu saamiseks.
g) Lisa segu peale keedetud läätsed.
h) Viska salat läbi, et kõik oleks korralikult segunenud.

85. Niçoise kunstsalat

KOOSTISOSAD:
- Neli supilusikatäit oliiviõli
- Pool tassi ricotta juustu
- Üks tass mozzarella juustu
- Pool tassi basiiliku lehti
- Veerand teelusikatäit pune
- Pool tassi parmesani juustu
- Kaks tassi rohelisi herneid
- Üks tass hapukurki
- Pool tassi majoneesi
- Üks tass õunu

JUHISED:
a) Võtke kauss.
b) Lisa kaussi kõik märjad koostisosad.
c) Sega kõik koostisained hästi läbi.
d) Lisa kaussi ülejäänud koostisosad.
e) Sega hästi, kuni kuivained on hästi kaetud.

86.Niçoise kookose-karriiga läätsesupp

KOOSTISOSAD:
- Kaks tassi köögiviljapuljongit
- Kaks supilusikatäit purustatud küüslauku
- Soola maitse järgi
- Must pipar maitse järgi
- Kaks supilusikatäit oliiviõli
- Üks tass kuivatatud valget veini
- Üks tass sibulat
- Kaks supilusikatäit universaalset jahu
- Pool tassi rasket koort
- Kaks tassi läätsi
- Üks tass kookospiima
- Üks loorberileht
- Kaks supilusikatäit värsket tüümiani
- Niçoise saiaviilud
- Tükeldatud till

JUHISED:
a) Võtke suur kastrul.
b) Lisa pannile õli ja sibul.
c) Küpseta sibulaid, kuni need muutuvad kuldpruuniks.
d) Lisa pannile purustatud küüslauk.
e) Lisa segule vürtsid ja läätsed.
f) Lisa universaalne jahu, koor ja kuivatatud valge vein.
g) Lisa kookospiim ja seejärel köögiviljapuljong.
h) Kata pann viieks minutiks kaanega.
i) Lase supil korralikult keeda.
j) Valage supp supikaussidesse.
k) Lisa peale hakitud värske till.

87.Niçoise rohelised oad

KOOSTISOSAD:
- Kaks supilusikatäit Dijoni sinepit
- Üks kilo rohelisi ube
- Kaks supilusikatäit hakitud küüslauku
- Pool tassi kuiva valget veini
- Pool tassi koriandrit
- Kaks supilusikatäit oliiviõli
- Üks supilusikatäis kuivatatud rosmariini
- Pool teelusikatäit soola
- Üks teelusikatäis musta pipart
- Kuivatatud tüümian, üks teelusikatäis
- Pool tl suitsupaprikat

JUHISED:
a) Võtke suur pann.
b) Lisage sinna oliiviõli.
c) Lisa pannile küüslauk, rohelised oad ja vürtsid.
d) Küpseta ube vürtsides viis kuni kümme minutit.
e) Lisa ülejäänud koostisosad segusse.
f) Keeda segu, kuni see hakkab keema.
g) Küpseta kümme minutit ja seejärel vormi.

MAGUSTOIT

88.Lavendli mesi Panna Cotta

KOOSTISOSAD:
- 2 tassi rasket koort
- 1/2 tassi mett (eelistatavalt lavendliga infundeeritud mett)
- 1 tl vaniljeekstrakti
- 2 tl želatiini
- 2 spl külma vett
- Kaunistuseks värsked marjad

JUHISED:
a) Kuumuta potis koort, mett ja vaniljeekstrakti, kuni see keeb.
b) Vahepeal lahustage želatiin külmas vees ja laske sellel paar minutit seista.
c) Lisage želatiinisegu soojale koorele, segades, kuni see on hästi segunenud.
d) Vala segu ramekiinidesse ja pane külmkappi tahenema.
e) Serveeri jahutatult, kaunistatud värskete marjadega.

89. Apelsini ja oliiviõli kook

KOOSTISOSAD:
- 2 tassi universaalset jahu
- 1 1/2 teelusikatäit küpsetuspulbrit
- 1/2 tl söögisoodat
- Näputäis soola
- 1 tass granuleeritud suhkrut
- 1/2 tassi ekstra neitsioliiviõli
- 3 suurt muna
- 2 apelsini koor
- 1 tass värsket apelsinimahla
- Tolmutamiseks tuhksuhkur

JUHISED:
a) Kuumuta ahi temperatuurini 350 °F (175 °C) ja määri koogivorm rasvaga.
b) Vahusta kausis jahu, küpsetuspulber, sooda ja sool.
c) Vahusta teises kausis suhkur, oliiviõli, munad, apelsinikoor ja apelsinimahl, kuni need on hästi segunenud.
d) Lisa kuivained järk-järgult märgadele koostisainetele, sega ühtlaseks massiks.
e) Vala tainas ettevalmistatud pannile ja küpseta, kuni hambaork tuleb puhtana välja.
f) Lase koogil jahtuda, seejärel puista enne serveerimist tuhksuhkruga üle.

90. Niçoise Palmier Cookies

KOOSTISOSAD:
- Pool tl muskaatpähklit
- Üks teelusikatäis vaniljeekstrakti
- Kolm ja pool tassi jahu
- Pool tassi suhkrut
- Tass soolavõid
- Üks supilusikatäis küpsetuspulbrit
- Puistamiseks pool tassi palmieri suhkrut
- Kaks suurt muna
- Pool teelusikatäit koššersoola

JUHISED:
a) Võtke suur kauss.
b) Lisa kaussi kuivained.
c) Sega kõik koostisosad hästi läbi.
d) Lisa kaussi või ja ülejäänud koostisosad.
e) Lisa moodustunud segu korgikotti.
f) Tee ahjuvormile väikesed südamekujulised küpsised ja puista peale palmiersuhkrut.
g) Küpseta küpsiseid kakskümmend minutit.
h) Kui olete valmis, jagage küpsised välja.

91. Niçoise Caneles

KOOSTISOSAD:
- Kaks tassi mandlijahu
- Kaks muna
- Üks supilusikatäis vaniljeekstrakti
- Tass piima
- Supilusikatäis taimeõli
- Tass universaalset jahu
- Pool tassi täistera nisujahu
- Soola maitse järgi
- Vesi põlvili

JUHISED:
a) Võtke kauss.
b) Lisage sellele jahu.
c) Lisage sellele suhkur.
d) Lisa sinna leige vesi.
e) Jäta pooleks tunniks kõrvale.
f) Lisa täistera nisujahu.
g) Lisage sinna sool ja veidi vett.
h) Lisa segule munad ja vaniljeekstrakt.
i) Lisa mandlijahu ja natuke piima.
j) Sega ained korralikult läbi, et saad ühtlane segu.
k) Sujuvuse tagamiseks lisa vajadusel õli.
l) Aurutage anumat veevannis kolmkümmend minutit.

92. Niçoise Cherry Clafoutis

KOOSTISOSAD:
- Kaks tassi piima
- Tl kaneeli
- Pool tassi rasket koort
- Pool tassi valget suhkrut
- teelusikatäis soola
- Kaks muna
- Tl sidruniekstrakti
- Tl mandli ekstrakti
- Kaks tassi universaalset jahu
- Tass võid
- Tass kivideta kirsse

JUHISED:
a) Võtke keskmine kauss.
b) Lisa sinna sulatatud või.
c) Lisage sellele raske koor ja kaneel.
d) Lisa jahu ja sega korralikult läbi.
e) Vajadusel lisage piim ja sool.
f) Vajadusel lisage suhkrut ja soola.
g) Sega need hästi läbi.
h) Lisa munad, kirsid, sidruniekstrakt ja mandli ekstrakt kokku.
i) Segage seda paar minutit.
j) Lisage materjal küpsetusplaadile.
k) Küpsetage materjali kakskümmend minutit, kuni need muutuvad kergelt
l) pruun.

93. Niçoise kookosepirukas

KOOSTISOSAD:
- Tass kuivatatud kookospähklit
- Pool tassi vett
- Tass isekerkivat jahu
- Pool tassi võid
- Supilusikatäis piima
- Küpsetuspulbri teelusikatäis
- Kaks muna
- Tass pruuni suhkrut

JUHISED:
a) Võtke pann.
b) Lisa või.
c) Kui see sulab, lisa piim ja jahu.
d) Sega koostisained taignaks.
e) Kui tainas on moodustunud, lülitage pliit välja.
f) Lisa segu kaussi.
g) Lisage sellele kuivatatud kookospähkel.
h) Lisa ülejäänud koostisosad kaussi ja sega läbi.
i) Sega kõik koostisosad ja eralda tainas pirukavormi.
j) Küpseta segu nelikümmend viis minutit.

94. Passionivilja ja sidruni besee tartletid

KOOSTISOSAD:
- Kaks tassi kannatusvilja
- Pool tassi võid
- Pakk hapukat tainast
- Pool tassi rasket koort
- Kaks supilusikatäit sidrunikoort
- Pool tassi suhkrut

JUHISED:
a) Võtke suur kauss.
b) Lisa koor ja klopi korralikult läbi.
c) Aja see vahuks ning seejärel lisa või ja suhkur.
d) Klopi segu korralikult läbi ning seejärel lisa võile passioniviljad ja sidrunikoor.
e) Sega segu korralikult läbi.
f) Laota haputainas võiga määritud hapuvormidesse.
g) Lisa segu peale.
h) Küpsetage roog korralikult kümme kuni viisteist minutit.

95. Niçoise Pear Tart

KOOSTISOSAD:
- Kaks tassi pirniviile
- Pool tassi võid
- Pakk hapukat tainast
- Pool tassi rasket koort
- Pool tassi suhkrut

JUHISED:
a) Võtke suur kauss.
b) Lisa koor ja klopi korralikult läbi.
c) Aja see vahuks ning seejärel lisa või ja suhkur.
d) Klopi segu korralikult läbi ja seejärel lisa võisse pirniviilud.
e) Sega segu korralikult läbi.
f) Laota haputainas võiga määritud hapuvormidesse.
g) Lisa segu peale
h) Küpsetage roog korralikult kümme kuni viisteist minutit.

96. Strawberry Frasier ja Lillet Chiffon Cake

KOOSTISOSAD:
- Veerand tassi lillet blanci
- Pool tassi hambakivikreemi
- Veerand tassi suhkrut
- Veerand tl jahvatatud kardemoni
- Tass jahu
- Näputäis küpsetuspulbrit
- Muna
- Riietumiseks:
- Kaks tassi maasikaviile
- Tass vahukoort

JUHISED:
a) Võtke suur kauss.
b) Lisa kaussi kõik koostisosad, välja arvatud maasikaviilud.
c) Veenduge, et ahjuvorm oleks korralikult määritud ja küpsetuspaberiga vooderdatud.
d) Küpseta kooki.
e) Kui olete valmis, jooge see välja.
f) Lisa vahukoor koogi peale.
g) Kata see maasikaviiludega.

97.Niçoise Poire Avec Orange

KOOSTISOSAD:
- Pool tassi pruuni suhkrut
- Tl vaniljeekstrakti
- Neli tervet pirni
- Poolteist tassi apelsinimahla
- Pool tassi kreeka pähkleid
- Pool tassi valget suhkrut
- Tl kaneelipulbrit

JUHISED:
a) Võtke suur kastrul.
b) Lisa pannile kõik koostisosad, välja arvatud pirnid.
c) Küpsetage koostisosad hästi.
d) Keeda segu, kuni suhkur lahustub.
e) Kata pirnid kastmega.
f) Tõsta pirnid üheks tunniks külmkappi.

98.Niçoise šokolaadivaht

KOOSTISOSAD:
- Kaks tassi mandlijahu
- Pool tassi šokolaadi
- Kaks muna
- Supilusikatäis vaniljeekstrakti
- Tass piima
- Supilusikatäis taimeõli
- Tass universaalset jahu
- Pool tassi täistera nisujahu
- Näputäis soola

JUHISED:
a) Võtke kauss.
b) Lisage sellele jahu.
c) Lisa sinna sulatatud šokolaad ja suhkur.
d) Lisa sinna leige vesi.
e) Jäta pooleks tunniks kõrvale.
f) Lisa täistera nisujahu.
g) Lisage sinna sool ja veidi vett.
h) Lisa segule munad ja vaniljeekstrakt.
i) Lisa mandlijahu ja osa piimast.
j) Sega ained korralikult läbi, et saad ühtlane segu.
k) Pane materjal üheks tunniks külmkappi.

99.Niçoise šokolaadi küpsetis

KOOSTISOSAD:
- Kaks tassi piima
- Pool tassi valget suhkrut
- teelusikatäis soola
- Kaks muna
- Kaks supilusikatäit kakaopulbrit
- Tl sidruniekstrakti
- Tl mandli ekstrakti
- Kaks tassi universaalset jahu
- Tass võid
- Tl kuivpärmi

JUHISED:
a) Võtke keskmine kauss.
b) Lisage sinna või.
c) Lisa jahu ja sega korralikult läbi.
d) Pane segu külmkappi.
e) Võtke suur kauss ja lisage sinna pärm.
f) Lisa suhkur, sool ja piim.
g) Sega piimasegu jahuga.
h) Lisa kakaopulber, munad, sidruniekstrakt ja mandli ekstrakt kokku.
i) Sõtku tainas ühtlaseks.
j) Aseta tainale või ja voldi see kokku.
k) Valmista taignarullist saiakesed.
l) Lisa kondiitritaignasse koor.
m) Küpseta neid kümme minutit.
n) Saiake on serveerimiseks valmis.

100. Niçoise Custard Pie

KOOSTISOSAD:
- Kaks munakollast
- Pool tassi vett
- Tass isekerkivat jahu
- Pool tassi võid
- Supilusikatäis piima
- Küpsetuspulbri teelusikatäis
- Tass pruuni suhkrut

JUHISED:
a) Võtke pann.
b) Lisa või.
c) Kui see ära sulab.
d) Lisa piim ja jahu.
e) Sega koostisained taignaks.
f) Kui tainas on moodustunud, lülitage pliit välja.
g) Lisa segu kaussi.
h) Lisa ülejäänud koostisosad kaussi ja sega läbi.
i) Sega kõik koostisosad ja eralda tainas pirukavormi.
j) Küpseta segu nelikümmend viis minutit.

KOKKUVÕTE

Kui lõpetame oma kulinaarse ekspeditsiooni läbi "Prantsusmaa kõige päikselisema linna köök, mis on inspireeritud nicoise turust", loodame, et olete kogenud Nice'i elava kulinaarse stseeni maagiat mugavalt oma köögis. Iga nende lehtede retsept tähistab päikesepaistelisi turge, Vahemere mõjusid ja Provence'i võlu, mis määratlevad linna gastronoomilise identiteedi.

Ükskõik, kas olete maitsnud salati niçoise värskust, nautinud bouillabaisse'i rikkalikke maitseid või nautinud tarte aux citrons'i tsitruselist magusust, usume, et need 100 retsepti on viinud teid Prantsuse Riviera südamesse. Lisaks koostisosadele ja tehnikatele püsigu teie köögis Nice'i vaim, inspireerides teid lisama oma toidukordadesse soojust, erksust ja elegantsi, mis iseloomustavad Niçoise'i kööki.

Kui jätkate Prantsuse Riviera kulinaarsete rikkuste uurimist, võib "nicoise" olla teie kaaslane, kes juhatab teid läbi turgude, mere ja lummavate maitsete, mis muudavad selle piirkonna tõeliseks gastronoomiliseks aardeks. Siin on selleks, et nautida Nizza elavat vaimu ja tuua lauale kõige päikeselisema linna kulinaarsed naudingud – head isu!

www.ingramcontent.com/pod-product-compliance
Lightning Source LLC
Chambersburg PA
CBHW071911110526
44591CB00011B/1631